起業家が知らないとヤバい 契約書の読み方

ベンチャー企業支援専門弁護士

藪田崇之 *Takayuki Yabuta*

HOW TO READ THE CONTRACT

まえがき

　私は弁護士として、よくベンチャー企業の創業支援業務に携わっています。

　そのため、私の周りにはベンチャー企業を立ち上げている友人が多数います。彼らの話は非常に面白いし、次々に新しいアイデアやサービスを発案し実行していく様を見ていると、つくづく発想の天才だなと感心しています。

　もっとも彼らも万能ではありません。

　当然と言えば当然ですが、法務に関しての知識は皆無に近いことが多いです。特に驚くのは、こんな発言が多いことです。

　「うちは取引先と契約書とか巻いてないかなあ」
　「契約書とか読んでもよく意味が分からないし、送られてきた契約書にそのままサインしてる」

　このような発言をする人には、ある共通点があります。それは、彼らは「法務で痛い目にあったことがない」ということです。

　確かに、発案・企画・営業等すべてを自分でこなす彼らにとって、法務は二の次三の次の業務かもしれません。法務的な問題に直面したことがなければ、法務を軽視してしまう気持ちも理解はできます。

＊　　　　　　　　＊　　　　　　　　＊

　しかし、そんな彼らでも、自分が法務で痛い目にあったり、友人が痛い目にあったのを目の当たりにした途端、法務に対する向き合い方が一変します。

　私の現在のクライアントの一人も、以前は法務に注力していなかった側の方でした。

　しかしながら、その方は、ある取引先との契約で不利な条項に気づかぬまま契約締結をしてしまい、通常なら負うはずのない責任を追及され、トラブルに発展してしまったのです。

　この件については、その方が早急に私に相談してくれたおかげで何とか大事にならずに済みましたが、その方がそのとき仰っていたのは、こんな後悔と改心の言葉でした。

「契約書や法務を甘く見てた。法的なトラブルにこれほど時間と精神力を削られるとは思わなかったし、この対処で時間を取られるなら、最初から時間を割いて法務に取り組むべきだった」

＊　　　　　　　　＊　　　　　　　　＊

彼のほかにも、これまで様々なトラブルに関するご相談を受けたことがあります。

「取引先の担当者が口頭で業務内容Ａを行うと言ったが、実際はまったく行われなかった。業務内容Ａを行ってほしいと要求したが、『そんな話はサービストーク。契約書にも書かれていないし、行う義務はない』と言われ、結局委託料が無駄になった」

「取引先の指示通り商品を制作したのに、その指示に不手際があり商品に欠陥が生じた。取引先の不適切な指示が原因の欠陥なのに、契約書には『商品の欠陥は制作者が負う』と書かれていたため、その欠陥の責任を負わされた」

「業務内容が不十分であるという理不尽な理由で取引先から一方的に契約を解除されたが、契約書の解除事由に『業務内容が不十分であると取引先が判断した場合』とあるのを指摘され、何も言えなかった」

これらのトラブルはほんの一例ですが、実はこういった相談の大半が、契約書をしっかりと確認すれば簡単に避けられたトラブルなのです。

それにもかかわらず私の周りだけでも、こういったトラブルに巻き込まれるケースが多いということに、とても驚きました。

おそらくは私の周り以外でも、多くの才能ある起業家が、このような簡単に回避できるトラブルに巻き込まれ、本来ならビジネスに使えたはずの時間と精神をすり減らしているでしょう。これは、ある種、とてももったいないことです。

＊　　　　　　　　＊　　　　　　　　＊

そこで私は、そうしたもったいなさを何とか解消できないかと思い、本書の執筆に着手しました。

本書は、先述したような「契約書の確認をすれば簡単に避けられるトラブル」を避けるための「契約書チェックの方法」を紹介しています。逆に言えば、本書で紹介している超基本的な契約書チェックすらできていないとすると、ビジネスをする上では相当ヤバいということです。

　無論、本書のコンセプトは、起業家の方ご自身で契約書の確認をできるようにすることですから、本書は法律の知識がまったくない方でも理解できるよう、できる限り法律用語を使用せず、平易な言葉で説明するよう心掛けていますのでご安心ください。

　本書は契約書チェックを行う上で超基本的なポイントに絞って紹介していますが、チェックポイントを知ることができるだけでなく、読むだけで次のようなメリットも得られます。

・契約書になぜその条項があるのか、その存在理由が分かる。
・契約書でよく見かける文言の意味が分かる。
・どのような内容の契約書が一般的なのか、その基準が分かる。

　そして、このようなことが分かるようになると、いざ実際に契約書を見たときに、本書で挙げたチェックポイントだけでなく、自分に不利な条項やある条項の存在理由が自然に分かるようになり、その契約書のリスクや不備に気づくことができるようになるでしょう。

　縁あって本書を手に取られた方にとって、本書が少しでもお役に立てれば幸いです。

2020年6月

藪田崇之

第1章

起業して間もない会社が嵌まる契約書の罠

第2章

これだけは知っておきたい 契約書の基礎知識

第6章

データを利用するビジネスに必要な条項

巻末付録

各種契約書の雛型

起業して間もない
会社が嵌まる契約書の罠

起業して間もないうちは、ビジネスを軌道に乗せることに手一杯で、契約書にまで気が回らないことが多いものです。しかし、それはとても危険な状態。油断しているとどんなリスクがあるのか、まずは知っておきましょう。

「有名企業が用意した契約書は安全」の罠

▶▶「チェックしなくても困ったことがない」と油断していませんか？

　会社を起業して新しい事業を始めるとき、必ず必要なのが事業の取引相手です。そして、取引相手とビジネスをする上で契約を交わすことは必須であり、その際に契約書を締結することは今や常識です。したがって、契約書が重要な書類であるということは、事業主である皆様方において当然認識していることでしょう。

　では、その重要書類であるはずの契約書の内容をしっかりと確認している事業主の方は果たしてどれほどいるでしょうか。「契約書が重要なのはなんとなく分かってはいるけど、契約書のチェックはあまりしていない」という方が多いのが現実かと思います。

　なぜこのようなことになってしまうのか、大きく分けて二つの理由が考えられます。

　一つめの理由は、契約書チェックをしなくていい、あるいはできない理由があることです。しかし、そうした理由のほとんどは、契約書チェックという面倒な作業から逃げたいための言い訳ではないでしょうか。

　そして、二つめの理由は、多くの事業主の方は契約書のチェックを怠って困った経験や損害を受けた経験がないことです。しかし、今後事業を展開する上で、契約書チェックを怠って困ったり、損害を被ったりする可能性は誰にでもありますし、いざトラブルに直面した場合の経済的負担や精神的負担は相当大きいものになります。実際に契約書チェックをしなかったがゆえに起きたトラブルをご紹介しましょう。

▶▶「有名企業の契約書はしっかりしているはず」は甘すぎる

　会社を起業して新しく事業を始めるとき、初めのうちは大きな企業から仕事を振ってもらう機会も多いと思います。そうすると大抵その企業から取引に関する契約書が送られてきます。

　その際に、取引相手が業界内で名が通っており、それなりに実績のある会社だった場合、あなたはどれほどの注意をもって送られてきた契約書を確認する

でしょうか。おそらく、確認をするとしてもサラッと目を通すだけなのではないでしょうか。そのとき、このようなことを考えていないでしょうか。

「実績もある会社だし、違法なことはしてないだろう」
「この会社の周りでトラブルの話は聞いたことがないから問題ないであろう」
「名が通っている会社の用意する契約書は安全に決まっている」

気持ちとしてはよく分かりますが、現実はそう甘くありません。実際に次のようなトラブルがありました。

▶▶▶他企業との取引を制限されたＡさんの悲劇

新規事業を立ち上げたＡさんが、大手企業Ｂ社と、ネット配信事業のコンサルタント契約を締結した際の事例です。ＡさんはＢ社が有名企業だということで契約書の内容を確認せず締結してしまったのですが、Ｂ社が作成した契約書には、次のような条項が含まれていました。

> Ａは、本契約期間中、本契約1条に記載した業務についてＢ以外の者に対して、同一又は同種の業務を提供してはならない。

この条項は簡単に言えば、独占契約です。Ａさんは同種のコンサル事業を他の会社とはしてはいけないという内容になっています。

これでは、ＡさんはＢ社からしか同種のコンサル事業で利益を上げることができません。Ａさんは複数の会社とのコンサル契約で収益を上げようと考えていましたので、この条項はＡさんにとってはかなりの損失が生じる可能性があるものでした。

▶▶有名企業だからこそ自社に有利な契約書を作ってくる

確かに有名な企業は、ビジネス上の実績があるからこそ、業界内で名が通っているわけですから、それなりにビジネス体制がしっかりされていることは間違いないと思います。それゆえ、契約書に関してもおそらく明らかに違法な条項が含まれている可能性は低いでしょう。

しかし、だからといって必ずしも安全安心な契約とは言えません。なぜなら契約条項に違法な条項はなくても、契約内容は自社に有利な条件が設定されて

いる（あなたに不利な条項が含まれている）ことが往々にしてあるからです。

　契約書はビジネスのルールブックのような役割ですから（第2章で詳述）、実績のある会社は、その豊富なビジネス経験を活かし、利益の最大化とリスクの最小化を図るべく、契約書の条件・内容を自社に有利に定めていくのです。しかも、実績が積まれるとその業界内での影響力や交渉力も出てきますから、より強気な契約書を用意することができるようになります。そうすると、契約書に違法な条項や条件がなくても、自社有利な条項、すなわち、あなたに不利な条項が含まれていても全然不思議ではないのです。

┌─ POINT ────────────────

❶有名企業が用意した契約書は、明らかに違法な条項が含まれている可能性は低いが、あなたのビジネスにとって不利な条項が含まれている可能性は大いにある。

❷有名企業の契約書であっても、契約書のチェックを怠ると不利な条件で契約を締結することになり、結果的に不利益を被る可能性がある。

第2項 「契約書の修正要望なんて おこがましい」の罠

▶▶仕事をもらう立場だからと、取引相手に忖度していませんか？

　ベンチャー企業の経営者と話をしていると、よくこのような声を耳にします。

　「取引相手は自分たちより大きな会社だから、契約書の修正交渉なんてできない」

　「この取引相手とはこれから長い付き合いをしていきたい。印象を悪くしたくないから相手が出してきた契約書をそのまま受け入れよう」

　「契約書のチェックをしていたら、うるさい相手だといったうわさが業界内に回って相手にされなくなるかもしれないから、契約書をそのまま受け入れよう」

　このように、取引相手の企業体の大きさを気にしたり、取引相手の顔色や世間体を気にしたりして、契約書チェックをまったくせず契約を締結してしまうということが度々あります。

　確かに気持ちは分かりますが、このように相手へ忖度し、契約書のチェックをしないという選択は誤りです。実際、次のような事例がありました。

▶▶危うく過度な負担を負わされるところだったＡさんのヒヤリ体験

　新規事業として、3Dプリンターを用いた製品開発事業を始めたＡさんの事例です。

　Ａさんの開発事業の売りは、クオリティを維持しつつ短期間での開発を手掛ける点。そんなＡさんの事業を聞きつけ業務委託契約の話を持ちかけてきたのが、自社製品の開発委託先を探していたＢ社でした。

　Ａさんは、「契約書の条件を細かく詰めると、相手から面倒な会社だと思われてしまうのではないか」「せっかく相手から取引を持ちかけてきてくれたのだから、相手が懸念するようなことはやめよう」と思い、Ｂ社が用意した契約書を確認せず、契約を締結しようとしました。

しかし、当該契約書には「B社からしか契約解除できない」とする旨の内容や、「Aさんだけに秘密保持義務を負わせる」旨の内容、「Aさんに製品について過大な保証をさせる」旨の条項等、Aさんに不利な条項が複数箇所存在していたのです。このまま契約書の修正交渉をせずに契約を締結してしまうと、Aさんが過度な負担を負うことになります。

Aさんは友人の弁護士に当該契約書を見てもらう機会があり、弁護士から問題点の指摘を受けたため、結果的に難は逃れましたが、ヒヤリとする状況でした。

▶▶契約書の修正交渉は相手も織り込み済み

取引相手の立場や顔色を気にして契約書の修正の要望を躊躇する方も多いようですが、契約書の修正交渉にマイナスの印象を持たれることは、一般的な企業であれば、まずあり得ません。もちろん修正内容にもよりますが、公平な内容への修正交渉は案外応じてくれます。

あなたとの契約を本当に望んでいるのであれば、先方もある程度の契約の見直しは承知の上でしょう。先の事案でも、Aさん本人は「たぶん契約交渉しても無理だろう」と考えていましたが、実際B社に修正依頼を出すと、二つ返事で受け入れられました。

このように、契約書の修正交渉にネガティブなイメージを持つ必要はありませんから、「相手に忖度して契約書の確認をしない」ということは今後控えましょう。

POINT

❶契約書の修正交渉は想定済みのことであり、ネガティブなイメージを持つ必要はない。

❷会社の大小に関係なく契約書の修正依頼は案外受け入れられる。

第3項 「契約内容の修正交渉には応じない と言われた」の罠

▶▶契約内容の修正交渉ができなくても、やれることはある

　業界のパワーバランスや資本力又は事業年数によって、力関係が左右される場面があります。例えば大手自動車メーカーと下請け企業、投資ファンドとベンチャー企業、老舗アパレルブランドと新興アパレルブランドとの業務提携といったように、ビジネスモデルや資本力、事業年数（ブランド力）の差によって、どうしても上下関係ができてしまうことはあるものです。

　前項では「契約書の修正交渉は案外受け入れられる」と言いましたが、このような上下関係がある場合には、実務的に契約の修正交渉は難しいこともあります。実際に、契約書を送ってくる際に、「自社はこの契約内容でやらせてもらっているので、契約内容の修正には応じかねます」との旨を伝えてくる会社もあります。

　しかし、だからといって、送られてきた契約書のチェックをしなくていい理由にはなりません。なぜならば、契約の修正交渉ができなくても、自社としてすべきこと、できることがあるからです。実際にあった例を見てみましょう。

▶▶他人の責任を代わりに負わされてしまったＡさんの危機

　新規事業として動画配信サービス会社に対して、世間に影響力のある動画配信者を紹介する事業を始めたＡさんの事例です。

　動画配信サービス会社として名高いＢ社は、Ａさんに対し、契約内容の修正交渉はしない旨を伝えた上で、Ａさんと配信者紹介業務委託契約を締結しました。Ａさんは、契約書を確認しませんでしたが、実は当該契約書には次のような契約内容が含まれていました。

> 　Ａが紹介した配信者が故意過失によって、Ｂ社に損害を与えた場合は、ＡがＢ社に対してその損害賠償金として300万円を支払わなくてはならない。

　なんという「とばっちり」でしょうか。

　Ａさんの業務は配信者を紹介することのみですので、本来なら、配信者がＢ

社に損害を与えても、その責任を取るべきは配信者のみでありＡは関係ありません。しかし、この契約条項が存在することにより、Ａさんは配信者の代わりに300万円もの支払い義務を負わされることになるのです。これはＡさんにとってはかなり不利な条件になります。

▶▶ 起こり得るリスクが分かれば事前に対策を打てる

このＡさんの事例、「契約内容の修正交渉には応じない」と言われているので、仮に契約書を確認してこの条件に気づいたとしても、どうしようもないようにも思えます。

しかし、実は契約書の確認の有無で、その後のリスクは大きく変わるのです。Ａさんが契約書を確認してこの条件に気づいていた場合は、それによって起こり得るリスクに対して事前に対応策を練ることができます。

例えば、Ａさんが配信者との間で「当該損害賠償をＡが代わりに負担したときは、配信者がＡに同額の金銭（300万円）を支払うことを義務付ける」旨の内容の契約を締結するという方法が考えられます。あるいは、配信者がＢ社に損害を与える言動をしないようＡさんが管理するために、Ａさんと配信者の間でマネジメント契約を締結するという方法もあります。

このように、たとえ契約内容の修正交渉ができない場合であっても、リスクの発見とリスクヘッジのために、契約書の確認はすべきなのです。

─ POINT ─

❶契約内容の修正交渉ができなくても、不利な契約内容があるか契約書の確認をすべきである。

❷契約書に不利な内容が含まれていた場合は、事前に対応策を練ることでリスクを最小限に抑えることができる。

第4項 「知人が紹介してくれた取引相手だから安心」の罠

▶▶ 「知り合いの知り合い」は本当に信頼に値する人ですか？

　ビジネスは信頼関係や人間関係が大事と言われます。確かにその通りです。長年の友人や共にビジネスを行ってきた同志といったように、深い関係を築いてきた者同士であれば、信頼関係は十分構築されてきているでしょうし、そのような友人から紹介された人であれば取引相手として安心感を持って接しても問題はないでしょう。

　しかし、ビジネスを始めると、必然的に交友関係は広がり、関係の浅い知人や友人も増えます。彼らに対して安心感を抱くのは不思議なことではないですが、彼らが紹介した人間に対して先ほどと同様の安心感を持って接していいものでしょうか。例えば、あなたが新規ビジネスについて取引相手を探しているときに、関係の浅い知人Bから取引相手として紹介されたCは、本当に安心していい人物なのでしょうか。仮にBとCも同じように関係の浅い知人同士だった場合はどうでしょうか。

　少なくとも、「知人が紹介してくれた取引相手だから安心できる」という理由で相手が用意した契約書を確認しないというのは危険です。実際に次のようなトラブルがありました。

▶▶ 悪徳コンサルタントに引っかかって100万円失ったAさんの油断

　飲食店を経営しているAさんの事例です。

　AさんはSNSを使った集客をしようと考え、知人に紹介してもらったBさんとSNSを使った集客方法についてコンサルタント契約を締結しました。しかし、締結後にこのようなトラブルがあったのです。

・コンサル業務が実施されない。
・コンサル業務の内容が事前に打ち合わせていた内容と異なる。
・契約を解除しようとしても、はぐらかされ対応されない。
・解除したのに業務委託料が返還されない。

このように、知人の紹介だからといって必ずしも安心できる事業者であるとは限りません。今回の場合、危険な予兆は契約書に現れていました。締結された契約書を見ると、そもそも業務内容が明確に書かれていなかったり、「いかなる理由によっても返金対応には応じられない」旨の記載が強調されていたり、一般的に定められているような条項がまったく定められていなかったりと、一読してどのような契約なのか分からない不可解なものだったのです。

実際にAさんはすぐに契約を解除し、返金を求めましたが、Bさんは何と理由を付けてのらりくらりと逃げ、結局委託料100万円が返金されることはありませんでした。

▶▶契約書の確認は相手が信頼できるかを確認する手段となる

Bさんが知人の紹介ではなく、自身で探した、あるいは相手から営業に来たといった経緯で知り合ったのであれば、おそらくAさんも、Bさんの用意した契約書に違和感と不信感を抱けたはずでした（実際に冷静になって読み返すとその異様さに気づいたそうです）。それなのに「知人の紹介だから安心できる事業者だ」と勝手に思い込んでしまったがために、契約書の確認を怠り、失うはずのなかった100万円を失ってしまいました。このようなことになるのは非常にもったいないです。

もちろんすべての事業者に当てはまるわけではありませんが、それなりの体裁を保ち、内容を把握できる契約書を用意する事業者は、その事業も真っ当なことが多いです。一方で、そもそも契約書がなかったり、内容に疑念がある契約書を用意する事業者には注意が必要です。

もっとも、契約書がおかしいからといって、すべての事業者が危険なわけではありません。知識がなく契約書の作成方法が分からないがゆえにそのような契約書しか用意できない事業者も一定数いると思います。

したがって、そのような契約書が用意されたときは、両当事者にとって誤認がなく公平な内容になるよう契約書の修正提案をしてみてください。真っ当な事業者であれば修正に応じるはずですし、そうでない事業者であれば、あれこれ言い分を並べて修正に応じることに消極的になるはずです。仮に、契約書の修正に応じず契約書の内容に不安が残るようなら、契約をしない方が安全でしょう。

このように、契約書の確認は、契約の相手方が信頼できる事業者なのか否かを判断する一つの指標になりますから、契約の相手方の属性に関わりなく、契

約書の確認は行うべきです。

┌─ POINT ───

❶知人に紹介された事業者であるからといって、必ずしも信頼の置ける事業者とは限らない。

❷契約書の確認は、契約の相手方が信頼の置ける事業者か否かを判断する一つの指標になり得る。

└───

「自分より詳しいプロだし信頼できる」の罠

▶▶ プロフェッショナル（風）だからと妄信していませんか？

個人事業主としてビジネスを始めると、ビジネスを成長させるため専門的な知識やノウハウを仕入れなくてはならないこともあります。例えば、集客のノウハウやSNSツールの使い方、商品開発技術、等々の習得があるでしょう。そのようなノウハウや知識を有する事業者とノウハウの享受を目的とした契約を締結する際に、「この事業者は自分よりも詳しいプロだし、すべて任せても大丈夫だろう」という理由で契約書の確認をしないことがあります。

しかし、これはとても危険です。なぜなら、このような思考をしてしまっていると、自分のよく分からない分野ゆえに、相手の営業トークを妄信してしまいがちだからです。そうすると、契約内容が適正なものなのか他の業者と比較判断できなくなる上に、契約内容がよく分からないにもかかわらず、そのことに意を介すことなく契約を締結してしまうことにもなりかねません。そうなれば、いわゆる悪徳業者の格好の餌食となります。

実際に、次のようなトラブルがありました。

▶▶ 危うく300万円失うところだったAさんの妄信

イベントで知り合ったBさんから転売ノウハウの話を聞かされ、自身の事業にもそのノウハウを活かしたいと思った個人事業主Aさんの事例です。

Aさんは、Bさんが専門用語を使って軽快に説明する様子に「Bさんはプロだ。信頼できる人だ」と思い、Bさんの言葉を信じてコンサルタント契約を締結しました。そして、Bさんから渡された契約書に目を通すこともなく署名押印し、Bさんに言われるがまま、コンサルタント料として300万円を支払ったのです。

しかし、300万円を支払ったにもかかわらず、BさんはノウハウをAさんに教えることはありませんでした。Aさんが催促しても、Bさんが教えるノウハウはノウハウとも呼べない誰でも考えられる質の低いものでした。

ようやくBさんに対して不信感を抱いたAさんは、契約を解除しようと契約書を確認しましたが、契約書には次のような旨の定めがありました。

・「コンサルタント料はいかなる理由があっても返金できない」旨の規定
・「Ａさんは解除権を行使しないものとする」といった、相手方の解除権を放棄させる旨の規定
・「Ａさんは当該契約を解除した場合、違約金として金300万円をＢさんに対して支払わなければならない」旨の規定

　このように、契約書にはＡさんに（契約内容の有効性は別として）圧倒的に不利な条項が規定されていたのです*1。事前に契約書を確認しておけば、明らかに不当な契約内容であるため、その時点でＢさんに不信感を抱けた可能性が大いにありました。しかし、Ａさんは契約書の確認を怠っていたので、気づくことができなかったのです。

　結果的にＡさんは弁護士に依頼してお金を取り戻すことができましたが、精神的疲弊は相当なものだったそうで、それ以来、契約書は欠かさず確認しているそうです。

▶▶契約書は悪徳業者を見分ける指標になる

　Ｂさんのような、いわゆる悪徳業者は虎視眈々と皆さんを狙っています。「個人事業主としてビジネスを成功させたい」「会社から独立したい」「儲けたい」といった意欲ある人の感情を逆手にとって、様々なビジネスやビジネスを成功させるためのノウハウを紹介してきます。よく言われる、商材詐欺やセミナー詐欺と言われるものです。

　ただし、もちろん、こういったセミナーやノウハウ伝授の事業者がすべて悪徳業者というわけではありません。とても優良な事業者がいるのも、また事実です。

　では、悪徳業者を見分ける方法はあるのでしょうか。

　最も簡単に判別できるのは契約書の有無です。契約書がないのに、大金を先払いさせたり、契約内容について詳しい説明がなされなかったりする場合は、十中八九悪徳業者です。

　もっとも、最近の悪徳業者は、体裁だけは整えられた契約書を用意していることも多いため、契約書を一見するだけでは悪徳業者かどうか判断するのは難しいかもしれません（契約書以外の要素、例えば、商材自体、商材説明態様、説

---

*1　あまりに不当な内容は民法90条に基づく公序良俗違反や、民法第１条第２項に基づく信義則違反を理由に無効になることがあります。

明場所等の要素を考慮すれば比較的簡単に悪徳業者かどうかは見分けられます）。

　したがって契約書を見て悪徳業者か否かを判断するためには、しっかりとその内容をチェックする必要があります。悪徳業者なら、次のような自分に圧倒的に有利な規定が定められていることが多いです。

・業務内容が曖昧。
・返金規定がない、あるいは返金されない旨の規定がある。
・途中解約や解除ができない規定がある。

　このような、あなたにとって圧倒的に不利な条項を見つけた場合は、相手が悪徳業者なのではないかと疑いの目を向けていいでしょう。

　契約書の確認は相手方が悪徳業者であるか否かを見分ける一つの指標として有効ですので、相手がプロ（風）であっても妄信することなく、契約書の確認を行うべきです。

▶▶▶個人事業主は法律で守られない！？

　では仮に、誤って悪徳業者と契約してしまったときはどうすればいいのでしょうか。

　このような場合については、原則的に法律が当該契約から契約者を守ってくれます。消費者契約法や特定商取引法といった法律がそれにあたります。例えば、先ほどの例のような圧倒的に不利な規定は消費者契約法により無効であることを主張できますから、悪徳業者から当該規定に基づく主張をされても、消費者契約法を盾に防衛することができます。

　ただし、あなたが個人事業主として悪徳業者と契約を締結した場合は注意が必要です。なぜなら、消費者契約法は消費者を保護するための法律であるため、事業者である個人事業主は定義上、原則的に消費者契約法の保護の対象外だからです。

　ここで法律を見てみましょう。

　この法律において「消費者」とは、個人（事業として又は事業のために契約の当事者となる場合におけるものを除く。）をいう。（消費者契約法第2条第1項）

　この法律において「事業者」とは、法人その他の団体及び事業として又は事業のために契約の当事者となる場合における個人をいう。（同条第2項）

　この法律において「消費者契約」とは、消費者と事業者との間で締結される契約をいう。（同条3項）

　このように、消費者契約法は明確に消費者と事業者との契約において適用されると定めています。

　個人事業主は、法律による保護がなされないことが多いため、個人事業主として契約を締結する場合は、より注意深く契約書をチェックする必要があります。

POINT

❶相手がプロフェッショナル（風）でもすぐに信頼しないで、冷静になることが大切。

❷契約書の確認は、契約の相手方が悪徳事業者か否かを判断する一つの指標となる。

❸個人事業主は法律の保護を受けられない場合があるので、自己防衛の意識を強く持つべきである。

悪徳業者に多い業態

　参考までに、悪徳業者に多い業態を紹介します。

　悪徳業者に多い業態は「特定商取引法」という法律で規制されている業態に多いです。なぜならば、「特定商取引法」という法律は事業者による違法・悪質な勧誘行為等を防止し、消費者の利益を守るために作られた法律だからです。

　特定商取引法で規制されている業態類型は次の7種類です[2]。

①訪問販売……事業者が消費者の自宅に訪問して、商品や権利の販売又は役務の提供を行う契約をする取引のこと。キャッチセールス、アポイントメントセールスを含みます。

②通信販売……事業者が新聞、雑誌、インターネット等で広告し、郵便、電話等の通信手段により申込みを受ける取引のこと。「電話勧誘販売」に該当するものは除きます。

③電話勧誘販売……事業者が電話で勧誘を行い、申込みを受ける取引のこと。電話をいったん切った後、消費者が郵便や電話等によって申込みを行う場合にも該当します。

④連鎖販売取引……個人を販売員として勧誘し、さらにその個人に次の販売員の勧誘をさせる形で、販売組織を連鎖的に拡大して行う商品・役務の取引のこと。

⑤特定継続的役務提供……長期・継続的な役務の提供と、これに対する高額の対価を約する取引のこと。現在、エステティックサロン、語学教室など7つの役務が対象とされています。

⑥業務提供誘引販売取引……「仕事を提供するので収入が得られる」という口実で消費者を誘引し、仕事に必要であるとして、商品等を売って金銭負担を負わせる取引のこと。

⑦訪問購入……事業者が消費者の自宅等を訪問して、物品の購入を行う取引のこと。

＊2　「特定商取引法ガイド」（http://www.no-trouble.go.jp/）参照。

第6項 「忙しくて契約書を チェックする時間がない」の罠

▶▶契約書を確認する時間が取れない３つの理由

　個人事業主として新しいビジネス始める当初は、資金力に乏しいため人を雇用することができず、営業や経理、雑務等すべての業務を一人でこなすなんてことはよく聞く話です。また、ベンチャービジネスにおいて業務スピードはとても重要であることも周知の事実です。

　このように、多くの個人事業主はすべての業務をスピード感を持ってこなしていかなくてはなりませんが、それは容易にできることではありません。大抵の場合、各業務に優先順位を付けるでしょう。

　そうすると、あらゆる業務の中で、法務、とりわけ契約書の確認作業というのは相対的に優先順位が低くなりがちです。その理由としては以下のようなことが挙げられます。

理由❶法律の知識が乏しく、そもそも契約書の確認の仕方が分からない。
理由❷法律の知識が乏しいため、契約書の確認をするとしても時間がかかる。
理由❸契約書の確認を行い、仮に修正交渉を行えば、それだけ相手方との事前のやり取りが増え、ビジネスのスピード感が落ちる。

　このような理由から「忙しくて契約書の確認をする時間がない」という気持ちになってしまうのは大変よく分かります。しかし、だからといってその状況を放置しておくと、先述したような様々なトラブルに巻き込まれる可能性が大きくなります。

　では、時間が確保できない中、契約書の確認をするにはどうすればいいのでしょうか。

▶▶必要最低限の知識とチェックポイントは学ぶべき

　まず一つめの解決方法としては、契約書の確認方法について知識を習得することです。

　もっとも、法律を学んだことがない方が指針も何もなく、ただやみくもに契

約書の確認方法について勉強しても、それこそ時間がかかるだけですし非効率的です。そこで、知識の習得は必要最低限にとどめ、契約書のチェックポイントを把握できるよう効率的に勉強しましょう。必要最低限の知識とチェックポイントは本書で紹介しますからご安心ください。最低限の知識とチェックポイントを把握するだけでも、トラブルを事前に回避することは十分に可能です。

このように効率的な勉強をすることによって、先ほどの理由❶❷については解決できるでしょう。

理由❸については、確かにスピード感はやや劣るようにも感じるかもしれませんが、本来は契約関係の交渉を踏まえたビジネススピードが適正と言えます。また、トラブルに巻き込まれるリスクを考えれば、契約確認・交渉を経た適正なスピードをもって行うビジネスの方が最終的な利益は大きくなることでしょう。

どうしてもすぐにビジネスを始めたいという場合は、例えば、ビジネス開始に最低限必要な事項を取り決めた契約書でもって契約を締結し、追って具体的な細かい契約を締結するという手段を取ることもできます。

▶▶ 契約書確認を外部に委託するのも一つの手

次に二つめの解決方法手段としては、契約書の確認を外部（弁護士）に委託する方法です。こちらは、専門家に任せればいいので自身は経営の方に集中できますから、先ほどの理由❶〜❸を一気に解決することができます。

懸念事項としては費用がかかる点でしょう。もっとも、将来的に起こり得るリスクへの対策費用及び時間の捻出という観点を踏まえれば、決して無駄な費用にはなりません。

— POINT —

❶契約書の確認の時間がないと感じる場合でも、必要最低限の知識と、契約書のチェックポイントは把握できるよう勉強する。

❷❶の方法が面倒に感じる場合は、契約書の確認を外部に委託し、自身を法務作業の一切から解放させる手段もある。

「雛型だからちゃんとしているはずでしょ」の罠

▶▶ひとくちに雛型といっても完成度は様々

ビジネスの相手方から「弊社の契約書雛型をお送りします」と添えられて契約書ファイルが送られてくることがあります。このとき、皆様の中には「雛型ならちゃんとした契約書であるはずだ」「雛型なら公平な内容であるはずだ」と思い、契約書の確認の必要性を感じられない方もいると思います。

しかし、雛型だからといって決して安心できるものではありません。雛型の中には会社内で推敲され自社のビジネスに則した完成度の高いものも存在しますが、一方で、インターネットから拾ってきた契約書雛型をそのままコピペして会社の雛型とするような完成度の低いものも散見されるからです。

▶▶インターネット上の雛型は未完成品

現在インターネットで「契約書　雛型」と検索すれば、実に多くの雛型を見ることができます。画像はもちろん、雛型を無料で提供するサイトもありますし（無料登録が必要なものもある）、有料で提供するサイトもあります。しかし、いずれの雛型もそのままコピペして利用するのは危険です。なぜなら雛型は契約書として未完成品だからです。

確かに、例えば、弁護士事務所がホームページで提供している雛型であるならば、基本的に法的に誤った内容が含まれている可能性は低いです。

しかし、そのような雛型は、その雛型を利用して具体的な契約に応用できるよう、往々にして一般化・共通化できる条項の規定しか書かれておらず、そのまま使えるような状態ではありません。言わば契約書の骨組みだけの状態です。そのため、実際に契約書として利用するためには具体的条項を規定する肉付け作業をしなくてはいけません。

したがって、ビジネス相手から契約書の雛型が送られてきた際には、それが会社内で推敲されたものなのか、コピペなのかを確認するようにしましょう。

▶▶雛型の規定が必ずしも公平な内容とは限らない

　コピペ雛型については仮に具体的条項が規定されていたとしても、その内容をしっかりと確認しなくてはなりません。なぜならインターネット上の雛型は、一般的な内容が規定されているとしても、必ずしも両当事者に中立な条件で規定されているわけではないからです。雛型作成者の立場によって委託側有利の雛型もあれば受託者有利の雛型もあります。契約書の雛型は、応用が利くように一般化されたものが多いですが、それは決して条件が平等であることを保証しません。

　したがって、ビジネス相手から雛型が送られてきた際には、契約条項の内容にも注意して確認するようにしましょう。

▶▶取引相手から雛型のコピペのような契約書案が送られてきたらラッキー

　このように、ビジネス相手からコピペのような雛型が送られてきた場合は、「契約書の修正提案をしなくてはならないなあ」と面倒くさいと思うのではなく、むしろラッキーだと思ってください。なぜなら、契約書の杜撰さは、裏を返せば相手が契約書を重視しておらず、おそらくその後のチェックもないがしろにするだろうということが想定されるからです。

　ですから、ビジネス相手からそのような契約書が送られてきたら、自社に有利な内容に修正してしまいましょう。

POINT

❶インターネット上の契約書雛型は、法律的の不備はない可能性は高いが、一般的・定型的な条項しか規定されておらず未完成品である。

❷インターネット上の契約書雛型は、その内容の公平性が保証されているわけではない。

❸インターネット上の契約書雛型のコピペがビジネス相手から出されたときはチャンス。

第2章

これだけは知っておきたい
契約書の基礎知識

前章で契約書の重要性についてはよくお分かりいただけたと思います。とはいえ、法律の専門家でない人にとって、契約書は取っつきづらいのも事実です。そこで、契約書とはそもそもどういうものなのか、最低限の知識を身につけておきましょう。

契約書は、当事者間の「ビジネスルール」になる

▶▶ 契約書はビジネスのルールブック

契約書の確認が重要であることは前章から述べていますが、なぜ重要と言えるのでしょう。そもそも契約書はビジネスにおいてどのような意味を持ち、またどのような役割があるのでしょうか。

結論を言ってしまえば、契約書は対象のビジネスについて契約当事者を拘束するものです。つまり、契約書はビジネスのルールブックとしての役割を持ちます。したがって、契約書の確認は当事者間におけるビジネスルールを確認する意味で重要なのです。

▶▶ 法律と契約書では役割が違う

さて、ビジネスのルールとして真っ先に思い浮かぶのは「民法」「会社法」「不正競争防止法」といった法律だと思いますが、法律で定めるルールと、契約書で定めるルールとはどのような性質の違いがあるのでしょうか。

ここで、分かりやすく野球のルールに喩えてみましょう。

野球で言うところの法律的ルールとしては、野球というスポーツに共通した基本的なルールのことを言います。例えば、以下のようなルールです。

・試合は9回制[1]。
・スリーアウトで攻守交替。
・1塁から2塁、3塁を回ってホームベースを踏んだら1得点。

他方で、野球で言うところの契約書で定めるルールとしては、野球をする主体（高校生、プロ野球選手等）や主催（高校野球連盟、NPB等）の違いによって個別的に決定されるルールのことを言います。例えば、以下のようなルールです。

---

[1] 法律は変更できないようにも思えますが、野球に喩えるなら「試合は7回制」のように、実は契約書によって変更できる定めもあります。このように変更できる法律上の定めを「任意規定」、自由に変更できない法律上の定めのことを「強行法規」と言います。

・高校野球において投手は1週間で500球以上投げてはいけない。

・プロ野球におけるベンチ入りメンバーは最大25人まで。

・延長は15回まで、コールドゲームは適用せず、13回からタイブレーク方式で行う。

　この喩えから分かるように、法律は全国共通な大きなルール、すなわち、ビジネスを成立させる上で必要最小限の決まりを定めたものであり、契約書は個別具体的な小さなルール、すなわち、その他ビジネスを進める上で当事者間で必要な決まりを定めるものだと言えます。

　つまり、契約書で定めるルールは当事者間で自由に定めることができるのです。

▶▶▶法律上で決められているのは「当たり前のルール」だけ

　では、ここで「AさんがBさんにドーナツを売る」という取引事例で、どういった内容をルールブック（契約書）に定める必要があるのか見ていきましょう。

　まず、売買に関する法律の定めは次の通りです。

> 　売買は、当事者の一方があり財産権を相手方に移転することを約し、相手方がこれに対してその代金を支払うことを約することによって、その効力を生ずる。（民法第555条）

　法律上の売買に関する基本的ルールはこの規定のみです[2]。

　このルールによると「AさんがBさんにドーナツを売る」という取引については、次のように言えます。

①Aさんの財産であるドーナツをBさんに売ることを約束し

②Bさんがお金を払ってそのドーナツを買うと約束したときに

③売買契約が成立する

---

[2]　厳密に言えば、その他にも、手付を要する取引なら民法第557条が、売買契約に関する費用に関しては民法第558条が定められています。また、ドーナツを輸入する場合には、関税定率法や食品衛生法等、様々な特別法の規定が存在します。ただし、本書の趣旨に沿う内容ではないため、ここでは割愛します。

このルールは言い換えれば、AさんがBさんに対して一方的にドーナツを売りつけたり、BさんがAさんに対して無理やりドーナツを買おうとしたりしても売買取引（売買契約）は成立しないということです。そんなの当たり前のことだと思われるかもしれませんが、売買が成立する最低条件を知ることは、ルールブック（契約書）を作成する上でとても重要なことなのです。

▶▶様々な事態に対応するために必要なのが契約書

さて、このドーナツの例において法律の定めに従うと、先ほどの①②の条件で売買ができることになりますが、現実ではそうはいきません。なぜなら、ドーナツを取引する時期も量も、値段といった詳細な内容も、何一つ決まっていないからです。

そこでAさんとBさんは話し合って次の（ア）〜（エ）のように取引の詳細条件を決めて、契約書を作成しました。

（ア）取引するドーナツの値段：1個50円
（イ）取引するドーナツの量　：100個
（ウ）取引する時期　　　　　：契約締結日から5日後
（エ）取引する場所　　　　　：Bさんのお店

このように、「AさんがBさんにドーナツを売る」という取引では、（ア）〜（エ）のような内容をルールブック（契約書）に定める必要があるのです。

もっとも、この程度の内容のルールブック（契約書）の作成は当然に行われているため、特に意識したことはないかもしれません。

では、果たしてこれらの内容のルールブック（契約書）で取引が滞りなく行われるのでしょうか。特に不測の事態に見舞われた場合、上記の内容のルールだけで対処できるでしょうか。

例えば、Bさんが地元のお祭りに合わせて仕入れるつもりだったのに、Aさんのドーナツ生産が遅れて、お祭り当日に間に合わなかった場合、取引はどうなるのでしょう。あるいは、Aさんが作ったドーナツをBさんの店に運んでいる最中、不慮の事故でドーナツが潰れてしまった場合、取引はどうなるのでしょう。AさんがBさんの店にドーナツを届けたとき、たまたまBさんが外出中で、Aさんがいったんそれを持ち帰って保管していたが、保管状態が悪くてドーナツが傷んでしまった場合はどうするのでしょう。異常気象でドーナツの

原料費が高騰したとき、値段はどうなるのでしょう……。

　このように、ドーナツの取引一つとっても、いくつもの不測の事態は起こり得ます。もちろん、想定できるものもありますが、まったく想定外の事態も起こり得るので、すべての事態に対処できるルールブック（契約書）の作成は不可能でしょう。しかしながら、少なくとも想定できる事態に対処できるようなルールを事前に作っておけば、両当事者にとってそれらの事態が起こったときに迷うことなく対処することができます。

　以上から、契約書が当事者間のビジネスルールの役割を果たすこと、そして契約書で定めるルールこそがビジネス上重要な要素を占めることが分かっていただけたかと思います。

POINT

❶法律は必要最低限のルールを定めたものである。

❷契約書は法律では足りない条件について、ビジネスの当事者間で決めた個別具体的で詳細なルールを書面にしたものである。

契約書は、「リスク」を半減し「利益」を倍にする

▶▶ 損害賠償額を限定すればリスクを軽減できる

「損害賠償責任」という言葉をよく耳にすることがあると思います。損害賠償責任は、民法第415条や第709条[3]に基づく責任が多いのですが、一般的な契約書においては「損害賠償責任」に関する規定がまず間違いなく置かれています。

したがって、この「損害賠償責任」に関する規定について知識があると、ビジネス上のリスクを半減させることができます。例えば「損害賠償責任に基づく損害賠償額はあらかじめ契約書で上限を設定することができる」という知識があれば、損害賠償責任に関する自己のリスクを軽減することができます。

実際に次のような事例がありました。

・Aさんは Bさんに対し、自己の EC サイトの制作業務を委託した。
・EC サイトは完成し、Aさんは EC サイトの運営を開始したが、Bさんの EC サイト制作業務上のミスが原因となり、Aさんに損害が生じてしまった。
・そこで生じた損害について、Aさんは Bさんに対し損害賠償請求をした。

このような場合、仮に契約書で Bさんの損害賠償額について何ら規定を定めていなかったなら、損害賠償額はどれほどになったでしょうか。EC サイトのようなインターネット上に存在し全国規模に影響を及ぼし得るものについては、それに起因する損害も膨大になる可能性があります。つまり、Bさんはミスの程度に対して想定を超えた損害賠償責任を負う可能性があるのです。

しかし、Bさんに「損害賠償額の上限を定める条項がある」という知識があれば、例えば、損害賠償額の範囲を「委託金額の範囲内」と定めることによって、損害賠償責任範囲を想定できるだけでなく、損害賠償額も減額できる可能性があるのです（条項の詳細については第4章に譲ります）。

＊3 　民法第415条は債務不履行に基づく損害賠償責任の規定で、第709条は不法行為に基づく損害賠償責任の規定です。

▶▶ 業務範囲や責任範囲を限定してリスクを回避することも

リスクを回避するための知識はまだまだあります。

契約当事者間でのトラブルで多く見られるのが、ミスや損害が生じたときに「ミスはどちらのせいか」「損害の責任はどちらが取るべきか」で意見が対立するというケースです。このような意見の対立はとき裁判にまで発展します。裁判の時間的・経済的・精神的負担の大きさについては後述しますが、裁判に発展すること自体がリスクです。

そこで、このような意見の対立が極力生じないようにするため、あらかじめ契約書で業務範囲や責任範囲を限定することができます。

・Aさんは、BさんにECサイトの制作だけでなく制作後の保守管理業務も委託した。
・近年高度なフォームジャッキング*4が流行しており、Bさんとしては、保守管理業務においてすべてのフォームジャッキングを防御することはできないと考えていた。

こうした場合には、Bさんは、契約書に「第三者のサーバー攻撃による損害についての責任は負いかねる」旨の条項を追記しておけば、いざフォームジャッキング被害が生じたとき、責任の所在に関する意見の対立は起こらなくなり、リスクを回避することができます。

▶▶ 知的財産権を自己に帰属させれば利益を生める

契約に関する知識があれば、リスクを回避するだけでなく、利益を創出することも可能です。

例えば、知的財産権(特許権、著作権、意匠権等)においては、その知的財産としての価値が大きいと、経済的利益が莫大になることもあります。報道で目にする特許権侵害事件で、その損害賠償額がしばしば莫大な金額であることを思い出していただけるとイメージしやすいでしょう。そのため、その扱いには十分な注意が必要です。

特に、知的財産権の中でもよく知られている特許権や著作権は、原則的に特

＊4　フォームジャッキングは、ブラウザ上で行われるスキミング行為です。入力フォームが含まれているページに悪質なコードを仕掛けて、ECサイトの決済ページや購入ページからクレジットカード情報等を盗み出そうとします。

許を発明した人や著作物を創作した人に権利が帰属します。そして、それらの権利を第三者が利用する場合は権利者にライセンス料を支払わなければなりません。そのため、次のようなことが起こり得るわけです。

・AさんがBさんにECサイトの制作業務を委託した場合、ECサイト制作の過程で創作された著作物は原則的にBさんに帰属する。
・そうすると、AさんはECサイト内のその著作物を利用するのにBさんにライセンス料を払ったり許可を求めたりしなくてはならない。

　Aさんにとっては、自分のサイトであるはずなのに、利用するにお金がかかるのでは利益が上がらないかもしれません。そのような状況に陥らないよう、Aさんとしては、「業務に関して創作された著作物の著作権はAに帰属する」旨の条項を追加して、著作権を自己に帰属させることが重要です。
　知的財産権の帰属に関する知識があれば、かかる条項を定めることによって、利益を生むことができます。

▶▶▶ 相手方の知的財産権を無償で利用できるようにすることも

　一方で、Aさんとは反対のBさんの立場に立った場合、自己が創作した著作物の権利を上記のようにAさんにもっていかれてしまうと、自分が創作した著作物を利用するときに今度はAにライセンス料を支払ったり、許可を得たりしなくてはなりません。自分の創作物にお金を支払うというのは納得できるものではありません。
　ここでBさんに知的財産権の利用に関する知識があれば、Bさんの創作した著作物をAさんに無償で利用できる条項を定めることもできます。
　さらにかかる条項に加え、著作物を無償で利用できる範囲を広げる条項を定めることで、Bさんの利益に繋がることにもなります。

─ POINT ─

❶契約において「損害賠償」に関する知識があれば、損害賠償額を減らしたり、責任範囲を限定したりと事前にリスクを回避することができる。

❷契約において、「権利」（例えば知的財産権）に関する知識があれば、権利を自分のものにすることでそこから新たな利益を生むことも可能となり、他方で、相手の権利を無償で利用することにより、新たに自己の利益を生むこともできる。

❸契約書に関して深い知識がある方が、契約条件をより有利にすることができる。

契約書は、裁判で最も威力ある「証拠」となる

▶▶ 裁判は客観的証拠が判断の軸になる

　契約書には「ビジネスのルールブック」とは別に、もう一つ重要な役割があります。それは裁判における「証拠」としての役割です。ここで、将来の最悪の事態に備え裁判と契約書に関して少し解説をしておきましょう。

　裁判は、「自己の主張」や「相手方の主張に対する反論」を繰り返すことにより進行していきます。しかし、ただ自分の言いたいことを言えばいいわけではありません。自己の主張は証拠に基づいてしなければなりません。言い換えれば、根拠がない主張について裁判所は信用してくれないのです。

　さらに、証拠は客観的なものがより重要となってきます。例えば、次のケースで裁判官の立場で考えてみてください。

・裁判において、AさんがBさんに対して、貸した金を返してほしいと主張した。
・AさんがBさんと交わした消費貸借契約書がある。
・Bさんは「確かに契約は結んだが、実際にお金を貸し付けられたことはない」と反論した。

　ここで、AさんがBさんに実際にお金を貸した事実について、次のどちらの証拠があれば、AさんがBさんに対して実際にお金を貸した事実を認定しやすいでしょうか。

①Aさんの親友であるCさんの「3年前、AさんがBさんにお金を渡すところを見た」という証言
②Aさんからの入金記録（契約書締結時期と金額が一致）があるBさんの銀行通帳

　当然②の証拠の方が認定しやすいですね。
　①の証拠は、本当にCさんの証言が正しいか、その信用性をさらに判断しな

くてはなりません。Cさんの記憶に誤りがあったり、口裏合わせをしていたりする可能性もあるので、Cさんの証言は証拠としての信用性において疑念が残ります。

一方で②は、AさんからBさんへの金銭への移動が誰の目から見ても、すなわち客観的に明らかです。

このように、裁判というのは客観的証拠を軸に判断されていくものですから、客観的証拠が伴わない、いわゆる「言った言わない問答」は裁判においてはあまり意味がないのです。

▶▶契約書は客観的証拠の最たるもの

このような裁判の性質を考えると、契約書には「誰と誰がどんな約束をしたか」という事実が書面に表れているため、かかる事実は契約書の存在で証明することができます。先の例でも、AさんとBさんが金銭消費貸借契約を締結したこと自体は契約書のみで証明できていました。

しかし次の場合はどうでしょうか。

・裁判において、AさんがBさんに対して、貸した金を返してほしいという主張をした。
・Bさんは「お金なんて借りてない」と反論した。
・AさんはBさんとの間で消費貸借契約書を作成していなかった。
・Aさんは、裁判所に対し、Aさんからの入金記録があるBさんの銀行通帳を、お金を貸した証拠として提出した。
・それに対して、Bさんは「その入金はAさんが贈与してくれたものであり、お金を借りたわけではない」と反論した。

この場合、客観的証拠としての契約書がなく、Aさんの主張もBさんの主張も特段不自然なものではないため、AさんがBさんにお金を貸した事実について証明は不十分であるとして、裁判所がAさんの請求を棄却する可能性が非常に高いです＊5。

先ほどの例と比較すると、そもそも消費貸借契約を締結したこと自体が争点

＊5 裁判では証明責任というものがあり、基本的には法律上の効果を主張する側が法律上の効果を発生させる要件を証明しなければなりません。この例の場合、「AさんがBさんにお金を貸した事実」は貸金の返還を請求するAさんに、かかる事実の証明責任があります。

になっているという点がポイントです。そうすると、実際にAさんからBさんに対して金銭の移動があっても、AさんがBさんにお金を貸した事実は証明できません。

このように、当事者間の契約関係におけるトラブルでは、契約書の有無がその後の裁判の進行や結果を左右します。先述の例でも、契約書の有無で、争点だけでなく結論まで変わってしまいました。しかも、契約書がない以上、契約締結の有無は他の手段によって証明しなければなりませんが、それは至難の業です。結局「言った言わない問答」に陥り、証明は失敗してしまうでしょう。

もちろん、契約書の有無のみでは結論の変わらない事件もいくつもあります。しかし、契約書は「誰と誰がどんな約束をしたか」という事実を客観的に証明することができる最大の証拠であり、またそれらの事実は他の証拠で証明することが困難なものであるのです。

契約書が裁判でいかに重要な証拠となるのかが分かっていただけたかと思います。

POINT

❶裁判は客観的証拠を中心に事実関係の認定を行っていく。
❷契約書は客観的証拠の代表格である。

第4項　契約書が証拠となるには、「署名・押印」が必要

▶▶署名・押印は当事者双方の合意意思の証

　前項で、契約書は「誰と誰がどんな約束をしたかという事実」を客観的に証明するものであり、「契約書は裁判所で重要な証拠になる」と言いました。

　しかしながら、実は「契約書」のすべてが裁判で有力な証拠となるわけではありません。契約書が客観的証拠として裁判所に採用されるためには、契約書に当事者双方の合意意思が反映されている必要があるのです。合意の意思が反映されていなければ、お互いに「約束」したとは言えないので、その契約書はかかる事実を証明するものとしては使えません。

　そして、そのような合意意思の有無はどうやって判断されているかというと、適切な署名・押印の有無によってなされます。

　例えば、以下のようなケースです。

・Aさんはbさんに対して、金銭消費貸借契約に基づく貸金返還請求訴訟を裁判所に提起した。
・Aさんは証拠として、Bさんと締結した金銭消費貸借契約書（当該契約書）を裁判所に証拠として提出した。
・Bさんはこれに対し、「当該契約書はAが勝手に作ったもので、私は何も知らない」「その契約書にあるBの印影は私のものではない」と反論した。
・契約書内のBの印影は、Bさんの提出したBさんの印鑑証明書の印影と異なっていた。（事実①）
・契約書内のBの印影は、Bさんの普段使っている印鑑の印影とも異なっていた。（事実②）
・契約書内のBの筆跡は、Bさんの実際の筆跡と異なっていた。（事実③）

　この場合、①〜③の事実関係を見ると、契約書内のBの署名・押印がBさんによってなされたものでないことが分かります。そうすると、当該契約書にはBさんの意思は反映されておらず、AさんがBさんに対してお金を貸す約束をした事実を証明することはできません。

したがって、裁判所は①〜③の事実から、当該契約書のBの署名・押印はBさんのものではなく、当該契約についてABの合意は認められないから、AのAB間の当該契約の締結の事実は認められないと判断する可能性が高いです[6]。

契約書が裁判で有力な証拠となるためには、契約書に契約当事者の合意の意思が反映されている必要があり、当該合意の意思があることを推認する事実として署名・押印が必要となるのです[7]。

▶COLUMN　**署名・押印が合意意思の証拠となる理由**

民事訴訟法第228条第4項では「私文書は、本人又はその代理人の署名又は押印があるときは、真正に成立したものと推定する」とあります。

ここで「真正に成立した」とは、文書が作成者の意思に基づいて作成されたということを言います。すなわち、この条文は「私文書に本人か代理人の署名・押印があれば、その私文書は本人か代理人の意思に基づいて作成されたものと推定できます」ということです。

しかし、この推定は、前提として押印（署名）が本人の意思に基づきなされなければならないはずです。無理やり押印させられる場合や、印鑑を盗まれる場合もあるからです。

この点について、判例では、文書上の印影が本人の印章によるものであることが証明されれば、本人の意思に基づく押印であるとの事実上の推定を受けるとされています。

これにより、文書上の印影が本人の使用する印章と一致することを証明すれば、事実上の推定と法律上の推定が重畳的になされ、文書の真正な成立が証明されることになります。これを「二段の推定」と呼びます。

＊6　裁判所は当事者双方から提出された証拠からしか事実関係を認定することができないため、事実①〜③についても証拠が必要です。

＊7　署名・押印が合意意思の証拠となるためには、文書上の印影が本人の使用する印章と一致することを証明する必要があります。詳しくはコラムを参照してください。

▶▶▶ 押印は実印でなくてもいいけれど……

　ところで、よくクライアントさんからの質問で「契約書の押印は実印でないといけませんか？」と聞かれることがあります。

　その際には、よほどの事情がない限り「できればその方がいいです」と答えています。それは、実印で押印した方が、実印の性質上、契約書が真正に作成されたこと（簡単に言えば偽造でないこと）を後々証明しやすいからです。

　ただし、先ほどの説明の通り、押印はあくまで本人の意思で契約に同意したことを間接的に証明する手段ですので、押印がなかったからといって契約書が無効になることはありませんし、ましてや実印かどうかといったことは、それ自体が契約書の有効性を左右するものではありません。極端なことを言えば、確実に両当事者が合意して契約を締結したこと明確であるなら、押印は必要ありません。

　押印は、「自分の意思を契約書上に示すためにする」という認識でいていただければいいと思います[8]。

POINT

❶ 契約書が客観的証拠として採用されるために、契約書が契約当事者の意思に基づき作成されていることが必要である。

❷ 契約当事者の意思に基づき作成されているか否かは、契約当事者の署名・押印により判断するのが一般的である。

＊8　最近では電子署名も利用されるようになってきています。

「口頭で回せるビジネス」でも、 契約書は必要

▶▶ 法整備がビジネススピードに追いついていない時代だからこそ

　ここまで、契約書の役割と契約書の確認の重要性について述べてきましたが、現実にはまだまだ契約書なしで回っているビジネスがあることは否めません。そのため、皆様の中には、「契約書がなくてもビジネスが回るから、そもそも契約書自体の必要性が乏しい」と考えている方もいることでしょう。

　しかし、現代において口頭の契約によりビジネスを行うことは極めて危険です。一見「単純な契約であれば、口頭でもトラブルに発展するような事態にはならないのではないか」と思いがちですが、その認識は現代のビジネススピードの視点から見ると甘すぎます。

　近年はビジネススピードが速く、どんどん新しいビジネスが生まれるため、法整備が追いついていないのが現状です。つまり、新しいビジネスにおいては法律が守ってくれるわけではなく自己防衛するしかないのです。そして、自己防衛するために最も有効な手段が「契約書で自己のビジネスの防衛方法を規定すること」なのです。

　このように、法律による保護を受けにくい最新のビジネスにおいては、口頭で何とかなることはありません。現代ビジネスにおいて契約書の締結は必須と言えるでしょう。

▶▶ 「最終的に裁判を起こせば解決できる」という考えは安易

　ここで、「契約書がないがゆえにトラブルが発生した場合であっても、最終手段として裁判を起こせば解決できる」と思う方もいるかもしれません。確かに裁判が最終的な解決手段であることに違いはないのですが、裁判によって満足がいく解決ができるかと言えば、決してそのようなケースばかりとは言えないのが現実です。

　それに、裁判にはそこそこの弁護士費用がかかり、長期間を要する可能性があり、経済的・時間的負担、またそれに伴う精神的負担が大きいため、「最悪裁判をすればいい」と安易に考えることはお薦めできません。

　先ほど説明したように、契約書がない場合、裁判で自らの主張を立証するの

は非常に難易度が上がります。契約書のないビジネスでトラブルに発展した場合、そのトラブルを解決するのはとても難しく、経済的・時間的・精神的負担が大きくなることは明らかです。

その将来のリスクを契約書の締結により簡単に回避できるのですから、「うちは契約書がない業界だから」と言わずに、是非とも契約書を利用していただきたいと思います。

POINT

❶法整備が追いつかない新しいビジネスにおいては契約書で自己防衛するしかない。

❷裁判はあくまで最終的な解決手段であることを認識し、「トラブルになったら裁判をすればいい」と安易に考えない。

❸「契約書がなくてもビジネスは回る」という考えはやめるべき。

「裁判」はなるべく避ける

▶▶ 裁判の流れと期間

　先ほど裁判の話題を出しましたが、皆様からよく「実際に裁判はどう進行するのか?」という質問をされますので、ここで裁判の流れを簡単に紹介しておきます。

①まず、裁判を提起する者が裁判所に訴状を提出するところから始まります。
②訴状が提出されると、訴状が相手方に送達されます。
③送達後に第1回口頭弁論期日(裁判所の法廷に両当事者が出廷し互いの主張をする期日)が決まります。当該期日は訴状が送達されてから大体1ヶ月後に指定されます*9。
④第1回口頭弁論期日までに相手方から反論の主張として「答弁書」が提出されます。
⑤第1回口頭弁論期日の最後に、次回の期日の調整が行われます。次回期日は大体1ヶ月後に指定されます(複雑な事件の場合は1ヶ月以上後に指定されることもあります)。
⑥弁論期日をお互いの主張反論が出尽くすまで繰り返します。
⑦弁論期日が終結すると、その後1ヶ月から3ヶ月ほどで判決が出ます*10。

　このように、裁判は判決が出るまで時間がかかります。特に、お互いに主張反論する事項が多いと、弁論期日が繰り返し行われるため、裁判が長期化することも珍しくありません。

＊9　あくまで目安です。
＊10　判決に不服がある場合は、控訴することにより控訴審が開かれ、再び審議が継続します。したがって、最終的に裁判が終了するまでかなりの時間を要します。

▶▶裁判では何をするのか

では、もう少し裁判手続に踏み込んでみましょう。

裁判では実際何をするのか。

ドラマや映画では、弁護士が証人や当事者に質問をし、その答えに対して相手方の弁護士が反対尋問を行うシーンをよく見かけます。確かにそのシーンのように尋問が行われることはありますが、必ず行われるわけではありません。むしろ尋問が行われる機会は訴訟全体の中では少ないかもしれません。

裁判は先ほど紹介した口頭弁論期日を軸に進行していきます。弁論期日では自分の主張や相手方の主張に対する反論を行います。口頭弁論期日という以上、口頭でそれらの主張をすることができますが、実務上ではあらかじめ主張書面を準備しておき、口頭弁論期日には「書面の通り陳述する」として書面を裁判所に提出する方法で行います。

もちろん、主張や反論はただ言いたいことを言うのではなく、証拠によって根拠付けられた事実を主張する必要があります。例えば、契約をした事実を主張する場合は契約書を証拠として提出したり、金銭を支払った事実を主張する場合は銀行通帳を証拠として提出したりします。

▶▶裁判でも和解の選択肢はある

なお、「裁判を始めてしまうと、判決が出るまでは紛争の解決はできない」というイメージがありますが、実は必ずしもそうではありません。

裁判を行っている最中でも話し合いによる解決、すなわち和解をすることができます。

裁判が進行していくと、裁判官の心の中では、どちらの当事者の言い分が信用できるのか、どちらの当事者の方が勝訴するかといった印象や考えがまとまっていきます（これを心証と言います）。そうすると、裁判官は、このまま当事者同士が時間と労力を費やすより、早期解決のために和解をした方が当事者のためである考え、かかる心証を踏まえて和解案を提案します。

この和解案をベースに、再度裁判所を交えて和解条件を交渉します。そしてうまくまとまれば、和解が成立し、裁判は途中で終結します。

▶▶▶ 裁判に勝ってもお金を回収できない場合がある

　裁判に勝訴しても実は気が抜けません。金銭請求の場合、裁判の勝訴＝金銭の返還ではないからです。

　例えば次のようなケースもあります。

・Ａさんがいさんに対して「貸した200万円を返せ」という訴訟を起こした。
・Ａさんの主張は全面的に認められ、「ＢさんはＡさんに200万円を支払え」という判決が出た。
・しかし、Ｂさんは裁判後いつまで経っても支払わなかった。
・Ａさんは弁護士のＣに相談し、強制執行手続＊11でＢさんの財産から200万円を取得することにした。
・しかし、ＢさんはＡさんと契約する前から借金がかさんでおり、強制執行日には既にＢさんに財産と呼べるものは何一つ残っていなかった。
・結局、強制執行手続をしたものの、Ａさんが200万円を得ることはできなかった。

　このように、金銭の支払いを求める裁判の場合、裁判に勝ったとしても、相手方に支払うだけの財産がなければ、実際に金銭を取り戻すことはできません＊12。

　したがって、「裁判に勝てば必ず金銭の支払いを受けることができる」という考えには注意が必要なのです。

┌─ POINT ─

❶裁判は最終的な紛争解決手段であり、時間的、経済的、精神的に負担が大きくなる傾向がある。

❷金銭の支払いを求める裁判において、裁判に勝訴したとしても必ずしも金銭的に満足を得られるとは限らない。そのため、裁判をする前には相手の財産を把握しておく等、事前の準備をする必要がある。

❸以上を踏まえると、裁判による解決はできるだけ避け、交渉による解決をすることが望ましい。

＊11 相手方の財産を差し押さえて、差し押えた財産を金銭に換価して支払いを受ける手続です。

＊12 このような事態に陥らないために、訴訟する前に相手の財産をあらかじめ差し押えて財産を確保しておくといった仮差押手続等が用意されています。

第3章

最低限チェックしておきたい
契約書の要注意表現

本章から、いよいよ具体的な契約書のチェック方法を解説して
いきましょう。契約書には様々な条項が含まれますが、どの条項に
も共通する「要注意表現」があり、そこをチェックするだけでも多
くのリスクを回避できます。本章ではそうした表現について触れて
いきます。

第1項 「乙は」のように、主語が契約当事者の一方のみの条項

▶▶ 法律を知らなくても契約書チェックはできる

契約書をチェックするにあたって一番気になるのは、「法律の専門知識がない素人でも、きちんとチェックできるのか」という点かもしれません。

結論から言うと、その心配は無用です。契約書は、当事者同士のビジネスルールを具体的に定めたものであることは前章で説明しました。そして、そこで示される具体的なルールは、法律の定めがないものですから、必然的に契約書の条項の大半は法律知識がなくても理解できるものになるのです。

したがって、契約書の最低限のチェックは、法律を知らなくてもできます。もちろん契約条項の中には法律知識・専門知識が多少必要になるものもありますが、それらのチェック方法は本書で説明しますので安心してください。

▶▶ 自分が主語になっている契約条項に注目しよう

さて、それでは一つ目のチェックポイントです。

契約条項には、当事者の一方又は双方が遵守すべき内容が書かれています。

ここで、当事者双方が遵守すべき条項については、両当事者の負担は公平であるため、当該条項そのものが当事者どちらか一方に不利なものである可能性は大きくありません。

しかし、当事者一方のみが遵守すべき条項の場合、当然もう一方の当事者は当該条項に拘束されません。この場合、当該条項の内容如何によっては、当該条項を遵守すべき当事者のみが不利を受ける可能性があります。

したがって、契約条項をチェックする場合はまず、自分のみが主語になっている契約条項に注目しましょう。

▶▶ あなただけが義務を負う内容になっていないか？

自分だけが主語になっている規定は、自分だけに権利があったり、義務が課されたりするものが多いです。

例えば、次の条項を見てみましょう（あなたは乙の立場であると想定してください）。

第〇条（秘密保持）

1　乙は、本契約期間中に甲から開示を受けた情報、本契約及び個々の本業務の内容並びに締結の事実（口頭、映像その他視聴覚的方法により開示された情報も含む。）（以下、「秘密情報」という。）を、善良なる管理者の注意をもって管理するものとし、甲の書面による事前の承諾なしに、本契約及び個々の本業務の履行のために秘密情報を知る必要のある自己の役員及び従業員以外の第三者に開示し又は本契約及び個々の本業務の履行に必要な範囲を超えて複製又は使用してはならない。なお、次の各号のいずれかに該当することを、乙が証明し得る情報は秘密情報にあたらないものとする。

(1)　開示時に既に公知の情報又は開示時に既に乙が保有していた情報。

(2)　開示後に乙の責に帰すべき事由によらずに公知となった情報。

(3)　乙が第三者から守秘義務を負わずに適法に入手した情報。

(4)　秘密情報によらずに乙が独自に創出した情報。

　上記条項は、秘密保持条項（いわゆるNDA条項）と言われるものです。こういった条項は、ビジネスをやる上で会社の秘密情報（例えばマーケティング情報や社内独自の営業ノウハウ、取引先情報など）を共有する場合もあることを想定して、「開示する秘密情報については適切に保管・管理しましょう」といった趣旨で規定されることが多いです。

　ただし、ビジネスにおいて互いに情報を共有する場合は、互いに秘密情報の保管・管理を行うべきですから、本来なら本条項の主体は「当事者双方」とするのが公平のはずです。それなのに、上記条項では「乙」、つまりあなただけが主体（主語）となっています。すなわち、上記条項によって、受け取った情報について漏洩しないようにしっかり保管・管理しなくてならない義務を課されるのは、あなただけとなっているのです。

　その一方で、相手方はかかる義務を負う必要がないことになります。ということは、契約遂行の上で、あなたが自らの営業上の秘密情報を相手方に共有した場合に、相手方はその情報を秘密にする義務がないわけです。そのため、相手方が第三者に当該秘密情報を開示しても、あなたは何も言えないということになります。

　このように、当事者双方が主体となることが想定される条項で、一方当事者のみが主語になっている場合は、不利な内容になる可能性が大きいです。

もっとも、ビジネスの性質上、一方向にしか情報が開示されない（例えば、相手方の情報があなたに開示されることがあっても、あなたの情報が相手方に開示される予定はない）場合は、あなたのみにかかる義務が課される規定になっていても、あなたに不利ということにはなりません。

▶▶ 相手の責任だけ限定されていないか？

また、一方当事者のみが主語の条項は、自分が主語になっているものだけでなく、相手方だけが主語になっているものにも注意する必要があります。

次の条項も見てみましょう（あなたは乙の立場であると想定してください）。

第○条（損害賠償）

1　甲は、制作物自体又は制作物の使用に関し、故意又は重過失により乙に損害を与えた場合は、乙に対し、委託金額の範囲内においてその損害の賠償責任を負う。

2　甲は、本業務に関し、故意又は重過失により乙に損害を与えた場合は、乙に対し、委託金額の範囲内においてその損害の賠償責任を負う。

3　乙は、本契約の定めに違反し、又は故意若しくは過失により甲に損害を与えた場合は、その損害を賠償しなければならない。

上記条項は、損害賠償に関する規定です。例えば、「相手方が制作し、あなたに納品したウェブシステムについて、バグが見つかり、そのシステムを使用できないことであなたに損害が生じた」などといった場合を想定して規定されます。

条項内容を一見すると、当該条項の述語に「損害の賠償責任を負う」とあるので、第1項と第2項で主語になっている甲（相手方）の方が、第3項のみで主語になっている乙（あなた）よりも不利な損害賠償責任を負わされる内容の条項に思えます。

しかし、条項をよく読むと分かりますが、実はこれらの条項は、甲が乙よりも損害賠償責任が軽くなるように定められています。なぜならば、甲の損害賠償責任額が「委託金額の範囲内」と限定されているからです（詳細については

第4章)。

このように、単純に主語となった一方当事者が不利な内容のものもあれば、逆に主語となった一方当事者が有利になる内容の条項もあるため、注意する必要があります。

▶▶業務内容（履行義務の内容）は明確になっているか？

一方当事者のみが主語の条項がよく登場するものとして、業務内容に関する規定があります。契約書では、契約に基づく業務内容が必ず規定されます。

業務内容に関する規定というのは、要するに業務遂行にあたって「誰が何をするか」を定めるものですから、当然、一方当事者のみが主語の条項が登場します。そのこと自体は当たり前なのですが、その条項において内容が不明確であると後々トラブルに発展しやすくなるため、注意が必要です。

例えば、次の条項を見てみましょう（あなたは乙の立場であると想定してください）。

第○条（成果物の納入と検査）

1　乙は甲に対し、4月29日までに、本件業務による成果物を納入する。

2　甲は、乙から本件業務による成果物の納入を受けた後、納入された成果物が本件仕様等に合致するものであるか等を確認するための検査を行う。甲は、納入された成果物に不適合箇所若しくは瑕疵があるときは、1ヶ月以内にその旨を乙に通知する。

3　乙は、前項の通知を甲より受けた場合、甲から指摘された不適合箇所若しくは瑕疵を直ちに修補して再納入する。

4　甲は、納入された成果物が本件仕様等に合致する場合、検査の合格を速やかに乙に通知するものとする。

上記条項では、業務の遂行により完成した成果物を納品するときの手続が規定されています。こういった条項では、実際の業務の流れをイメージして、それらのイメージから想定される業務内容とその手順が明確に定められているか

を確認してください。例えば成果物がアーティストのライブグッズだとすると、次のような感じです。

- 納入時期はいつか（ライブ当日に間に合うのか）
- 納入した後はどのような手順で納入完了となるのか（検品があるのか、修正依頼があるのか）
- 納入物に欠陥があった場合はどのような手順を踏むのか（グッズが不良品だった場合、修理なのか、新たに制作して納品するのか）

　このような確認を怠ると、業務委託料の支払いの時期が遅れたり、成果物の管理負担が過大になったり、不利益が生じる可能性があります。ちなみに一般的な成果物の納品についての定めに関しては、上記条項程度具体的になっていれば及第点でしょう。

POINT

❶ あなたと契約相手の両者が主語になっている条項は、どちらかに不利な内容になる可能性が低い。

❷ あなたが主語となっている条項は、あなたに不利な内容である可能性があるため要注意。

❸ 業務内容を定めた条項である場合は、業務内容が明確であるかを確認すべき。

「甲は～できる」のように、一方当事者のみに権限を与える条項

▶▶ 一方のみに権限を付与する条項に注意しよう

　契約書では、契約当事者が守るべき「ルール」を定めるだけでなく、両当事者が当該契約において何をすることができるのかという「権利」を付与する条項を定めることがあります。より詳しく説明すると、次のような条項です。

・当該契約において特別な権利を付与するもの
・法律上認められている権利の確認的意味を込めて定めるもの
・法律上認められている権利の行使要件をより緩める内容を定めたもの

　こうした権利付与条項は、一方当事者に有利に働くことがあるだけでなく、その内容によってはもう一方の当事者に不利に働く可能性もあるため、注意して確認する必要があります。

▶▶ 知的財産権が使い放題になっていないか？

　では、特別な権利を付与する条項にはどんなものがあるでしょうか。実際に見られた条項をご紹介します。

> 第○条（知的財産権）
>
> 　甲は、乙の有する著作権、意匠権、商標権、特許権、パブリシティ権その他の知的財産権に関して、本件業務に必要な範囲内で無償で使用することができる。

　上記条項は、知的財産権（例えば小説の著作権）を無償で利用できる権利を付与する条項です。
　知的財産権をその権利者以外の第三者が利用する（例えば映画化する、アニメ化する）ときは、原則として当該権利者に対して許可を得なくてはいけません。そして一般的に、利用の許可の対価として利用料金（ライセンス料と呼ばれます）を支払わなくてはなりません。

ところが、上記条項において甲は、乙にライセンス料を払うことなく無償で利用できることになっています（つまり勝手に小説を利用できるようになる）。これは甲にとって有利な条項になります。一方で乙はライセンス料を得られないという点で不利になります[*1]。

　それでは、次の条項はどうでしょうか。

第○条（無償利用）

　甲は、本商品の販売促進・宣伝を目的として、乙の本プロパティ及び本商品の画像をパンフレット、広告等の販売促進物（デジタルコンテンツを含む）に無償で使用することができる。

　こちらの条項は、内容に関しては先ほどのものと変わりませんが、何を無償で利用できるかを具体的にしています。このような具体的規定の場合、規定されている以外の乙の知的財産についての利用権限についてトラブルになる可能性があるため、販売促進・宣伝方法について綿密な打ち合わせが必要となってきます。

▶COLUMN　**知的財産権の無償利用と宣伝・広告業務**

　知的財産権を無償利用できる権利を付与する条項というのは、主に「甲が乙から業務委託料をもらって乙の製品の宣伝・広告業務を行うのに、その過程で乙の製品にかかる知的財産権のライセンス料を乙に支払うのは、ビジネスとして本末転倒」といったケースを想定して、そのような不都合を取り払う趣旨で定められます。よって、契約の性質や契約の全体から見れば、このような条項があったとしても、それだけで甲乙どちらに不利ということはありません。

　ただし、無償利用の範囲が規定されていない場合は、業務に無関係でも甲が乙の知的財産権を無償利用できてしまうため、乙に不利な条項となります。そのため、条項の中で無償利用できる範囲を「本業務に必要な範囲内」と限定しているかどうかが重要となります。

＊1　実務においては、かかる条項は、甲が乙の製品に関して宣伝・広告をする契約において規定されていたものですので、当該条項だけでは甲乙どちらに不利とは言い切れません（コラム参照）。

▶▶▶監査権を無限定に認めていないか？

権利付与条項には、先述した知的財産権の無償利用条項のような法律行為に関することだけでなく、特段法律で規定されていない行為に関して定めたものもあります。

例えば、あなたが相手方から商品の製造を請け負った場合に、契約書に次のような条項が入ることがあります（あなたは乙の立場であると想定してください）。

第○条（会計帳簿の監査権）

甲は、乙に対し、乙の会計帳簿その他の記録について、必要な範囲内で閲覧、謄写し、又は監査することができるものとする。ただし、本項に基づく監査の方法は、乙の営業を不当に害するものであってはならない。

上記条項は、あなたの財政管理が適正になされているかを確認するために、相手方があなたの会計帳簿等を閲覧できるように定めたものです。

通常、会社の財務状況は外部に見られたくないものですし、秘密情報に該当する情報もあるので、会計帳簿を取引相手に閲覧させることは避けたいとこでしょう。そのため、本来は削除したい条項ではありますが、契約当事者間の力関係等を理由にこのような条項が定められることがあります（例えば相手方から「この条項が受け入れられないなら契約は結ばない」と言われてしまい交渉の余地がない場合があります）。

そこで、この条項では閲覧の条件や方法を限定して、なるべく不利が小さくなるようにしてあります。仮にこのような限定条件がなかった場合は、条項の修正提案をする必要があるでしょう。

> 第○条（立ち入り検査権）
>
> 　甲又は甲が指定する者は、本契約期間中いつでも、乙が本商品を製造する工場その他施設又は乙が本製品の製造を委託している第三者の工場その他施設に立ち入り、これを検査することができる。ただし、本項に基づく検査の方法は、乙又は乙が本商品の製造を委託している第三者の営業を不当に妨害しないよう努めるものする。

　上記条項は、あなたが委託通りに商品を作っているか確認するため、また、商品に問題が発覚した場合にその原因を確認するために、相手方が製造過程の検査をすることができるようにするものです。

　発注元である相手方にとっては必要な規定である一方、あなたにとっては頻繁に検査に入られると、業務に支障が生じる可能性があります。そのため、この条項では、あなたの不利を小さくさせるために検査方法に制限を加えてあります。仮にこのような限定条件がなかった場合は、条項の修正提案をする必要があります。

　このように、事実行為に関して一方当事者に権利を付与する条項については、注意して内容を確認し、不利を受けないよう修正することが重要です。

▶▶▶ 契約解除の条件に相手と差がないか？

　一方当事者に権限を与える条項の中には、法律上は両当事者に存する権利について、その要件を緩和したり、書面上で確認的意味を込めたりするものあります。

　例えば、次のような条項です（皆様は乙の立場であると想定してください）。

第○条（解除）

1 甲は、乙が次の各号のいずれか一つに該当したときは、契約の目的を達成することができない状態にあるか否かを問わず、何らの通知、催告を要せず、直ちに本契約の全部又は一を解除することができる。

(1) 本契約に定める条項及び別紙覚書の内容に違反し、甲が乙に対し催告したにもかかわらず、7日以内に当該違反が是正されないとき

(2) 不正の行為をなし、甲の通常の営業を妨げたとき

(3) 第三者より差押、仮差押、仮処分、競売等の申し立てを受けたとき

(4) 債務超過に陥り、又は私的整理、破産手続開始、更生手続、民事再生手続、特定調停若しくは特別清算開始の申し立てがあったとき

(5) 公租公課を滞納し、催告又は保全差押を受けたとき

(6) 合併によらない解散、事業の全部又は重要な一部の譲渡を行おうとしたとき

(7) 監督官庁より営業の取消又は停止等の処分を受けたとき

(8) 刑事訴追を受ける等著しく社会的信用を失墜したとき

(9) 財産状態が著しく悪化し、又はそのおそれがあると認められる事由があるとき

2 前項の場合、乙は解除によって甲が被った損害の一切を賠償する。

上記条項は解除条項です。

解除は民法上の権利ですので（民法540条以下）、当該条項がなくても、両当事者は解除を主張できます。ただし、法律上では、契約を解除するためには解除の催告（「しっかり義務を履行してください」といった忠告など）をしたり、催告期間の経過を待ったりしなくてはいけません[2]。

しかし、この条項のように「契約の目的を達成することができない状態にあるか否かを問わず、何らの通知、催告を要せず、直ちに本契約の全部又は一を解除することができる」と規定することにより、相手方はあなたよりも簡単に

---

[2] 履行不能に基づく解除は催告に代わり、履行不能の事実を主張する必要があります。また、改正民法は債務不履行解除の要件として帰責事由を不要としています。そのため、解除条項は「契約の目的を達成することができない状態にあるか否かを問わず、また、相手方の責めに帰すべき事由の有無にかかわらず、何らの通知、催告を要せず、直ちに本契約の全部又は一を解除することができる」と定めるといいでしょう。

解除の主張ができるようになります（いちいちあなたに催告する必要がなくなります）。

　したがって、この条項のように法律要件が緩和されている条項を見つけた場合で、かつ一方当事者のみにその権利が付与されている場合は、両当事者に公平に権限を付与する内容に修正するようにしましょう。

▶▶▶ 解除の条件に不利な内容はないか？

　解除条項も、より個性的な規定を定めることができます。実際にあった条項を見てみましょう（一部加工してあります）。

第○条（解除等）

1　甲は、乙が次の事由に該当する場合、乙に対する通知後直ちに本契約を終了することができる。この場合、甲は乙に対し、何らの補償を要しない。
(1)　乙が約定された方式で本契約を履行しない場合
(2)　乙による配信頻度及び配信内容等が甲の求める水準に達しない場合
(3)　本件配信における乙のパフォーマンスに特色がないと甲が判断した場合

2　前項に基づいて本契約が終了した場合、甲は、乙に対し、当該解約月にかかる本件配信の対価を支払う義務を負わない。

3　甲は、第1項に定める事由が生じた場合、本契約の解約に代えて、乙との間の契約条件を変更することができる。

　上記条項は動画配信サービスにおける、事業者（甲）と配信者（乙）との契約内の規定です。そのため解除事由が動画配信ビジネスに応じたものになっています。

　解除事由をよく読んでみると、解除の基準が曖昧であったり、事業者の独断（1項2号、3号）で解除できてしまったりと、配信者にとっては不利なものになっています。これだと例えば事業者の主観で「配信者のパフォーマンスがありきたりでつまらない」と判断しただけの場合でも、事業者が一方的にこの契約を解除できてしまいます。

　このように、法律上の権利の確認的条項であっても、個別具体的に定められ

るものについては、内容が明確かつ公平なものなのか、より注意深く確認する
必要があるのです。

―― POINT ――

❶一方当事者に権限を付与する条項の中でも、特別な権利を付与するものについ
ては、内容を注意深く確認することが重要である。

❷一方当事者に権限を付与する条項の中でも、法律上の権利を確認するものにつ
いては、その内容が個別具体的であるほど、内容を注意深く確認することが重
要である。

「～しなくてはならない」などの義務付け条項

▶▶ 「～してはならない」などの禁止条項は不利とは限らない

契約書で「～してはならない」との文言があると、何かを「禁止」されるように感じるため、直観的に不利な条項と思ってしまうこともあると思います。しかし、実際は「～してはならない」条項が直ちに不利な条項というわけではありません。

実際にある禁止条項を見てみましょう（あなたは乙の立場であると想定してください）。

第○条（禁止行為）

乙は、以下に該当する行為をしてはならない。

(1) 相手方又は第三者の著作権その他の知的財産権を侵害し又は侵害するおそれのある行為。

(2) 相手方又は第三者を誹謗中傷し、又は名誉を傷つけるような行為。

(3) 相手方又は第三者の財産、プライバシーを侵害し、又は侵害するおそれのある行為。

(4) 公序良俗に反する内容の情報、文書及び図形等を他人に公開する行為。

(5) 法令に違反するもの、又は違反するおそれのある行為。

(6) その他相手方が不適切と判断する行為。

上記条項はあなたの禁止行為を定めています。一見大いに不利な条項に思えるのですが、禁止条項の内容を見てみると、実はそうとも言えません。掲げられている禁止行為はどれも、仮に契約書で禁止行為として定めていなくても、行っていい行為ではありません。掲げられている行為を行えば、この規定があろうとなかろうと法律上又は事実上何らかのペナルティを課されます。

したがって、禁止条項と言っても一方当事者を過度に締めつけるものではなく、注意を促す規定ととらえる方がいいでしょう。

ただし、中にはそのような合理的な禁止行為内容に混ざって、理不尽な内容

が含まれていることがあるので油断してはいけません。

▶▶「～しなくてはならない」などの義務付け条項には注意が必要

一方で、表現としては似ているようでも、「～しなくてはならない」といった義務付け条項は、内容をよく確認すべきです。なぜなら、本来義務ではないことまで契約によって義務化されているため、当事者の負担となることが多いからです。

実際の契約条項を見てみましょう（あなたは乙の立場であると想定してください）。

第○条（損害賠償）

乙は、本契約の定めに違反し、又は故意若しくは過失により甲に損害を与えた場合は、甲に対し、その損害（弁護士費用及び訴訟費用含む。）を賠償しなければならない。

上記条項は損害賠償条項です。損害賠償の義務自体は法律上の定めもあるところですので、この条項が規定されることが直ちにあなたにとって不利とまでは言えません。

しかし、通常の損害賠償義務では負わない弁護士費用についても賠償義務に含まれている点[3]に関しては、弁護士費用分損害賠償額が加算される可能性があるため、その分あなたにとっては不利なものになります。

では、次の条項はどうでしょうか。

第○条（損害賠償）

乙は、本契約の履行に関連して甲に損害を与えた場合、甲に対し、その損害について当該損害（弁護士費用を含む。）を賠償しなくてはならない。また、甲乙間で独占契約を締結している場合、乙が、甲が競合と認める甲以外の第三者が運営管理する同種のプラットフォームにおける配信活動を行った場合、乙は甲に対して500万円を支払わなくてはならない。

---

*3 不法行為に基づく損害賠償請求については弁護士費用を加算することが認められています。

こちらは、より問題のある条項です。第1文は上段条項と変わりませんが、第2文は違約金の体裁が取られています。すなわち、あなたが動画配信活動について他社と同様の契約を結んだ場合は、違約金を支払わなくてはならないというものです。

　こうした条項の当否は置いておくとして、本来契約というものは、誰と締結しようが当事者の自由です。ですが、この条項では、同業他社と契約を結んだ場合、500万円の支払い義務を課されてしまいます[*4]。これは乙にとって経済活動の場を広げられないという点で非常に不利です。

　このように、法律上の義務を超えて「〜しなくてはならない」と規定された条項には要注意です。

▶▶ 過度な義務が課されていないか？

　また、契約遂行上の行為において、「〜しなくてはならない」といった義務付け条項の形で、より具体的に規定されることもあります。これらの義務付け条項は、業務内容の指示とも解釈できるものです。

　実際の契約条項には次のようなものがあります（あなたは乙の立場であると想定してください）。

第○条（乙の義務）

1　本業務1回あたりの時間は個別契約記載の1回あたりの最低業務時間以上でなければならない。1回の業務時間が個別契約記載の時間未満の場合、当該業務時間は、第○条に定める本業務の対価を算出する際に考慮しない。

2　乙は、個別契約記載の1ヶ月あたりの最低業務時間以上、本業務を行わなければならない。

3　乙は、本業務中、他の業務作業者と積極的にコミュニケーションを図らなければならない。

[*4]　会社と従業員との契約については、引き抜きやノウハウ漏洩等を防止するために、会社が従業員に対し、退職後において競業避止義務を課すことがあります。この場合も、例えば「競業避止義務の期間を無期限とする」といった、経済活動の自由を不当に害する内容は無効となります。

> 4　乙は、本業務を開始する前に、業務内容及び作業方法等に関して甲からの説明を受けなければならない。また、本業務中においても、業務頻度及び業務内容等の水準及びパフォーマンスの特色に問題があると甲が判断した場合には、甲からの指示に従わなければならない。

　上記条項は、ある委託業務における、業務時間や業務内容に関して具体的な条件を定めたものです。このような内容のものは、個別契約や覚書という体裁で別途協議して定めることが多いですが、効果はいずれでも同じで、条件を当事者間で話し合って決定します（なお、個別契約や覚書はクライアントに応じた個々具体的な条件を規定するときに使用され、基本契約書はすべてのクライアントに共通した条件を規定するときに使用されます）。

　このような条項の場合は、条件が過度に厳しくなっていないかという点に注意すべきです。上記条項で言えば、第1項の「業務時間が条件に満たない場合はその時間分の対価は支払われない」という条件は、潜在的にサービス業務になるリスクがあるため、条件の修正を提案すべきです。

── POINT ──

❶「〜しなくてはならない」条項は、注意を促す意味で明文化されていることが多い。

❷「〜しなくてはならない」条項のうち、法律上の義務を超えた義務を課している内容のものは不利である可能性があるため、注意が必要である。また、契約業務遂行上の義務付けや個別具体的な条件を定めたものに関しては、条項の内容をよく確認すべきである。

「責任を負わない」といった免責条項

▶▶「責任の所在」は契約書で規定すべき重要事項

契約書で規定すべき事項は様々ありますが、中でも決めるべき重要な事項は「責任の所在」です。したがって、責任を負わない旨を定めている免責条項は、特に注意して確認する必要があります。

まず、「責任を負わない」とはっきり免責条項だと分かる実際の契約での条項を紹介します（あなたは乙の立場であると想定してください）。

第○条（免責）

甲は、乙が本契約に基づき商品化した本商品等に関し、営業上の損害及びその他の損害が生じたとしても、乙に対していかなる責任も負わない。

上記条項は、損害賠償責任について免責を認めるものです。「あなたが契約に基づき開発した商品に関して、損害が生じた場合、あなたが全責任を取る」という内容ですから、一見自己責任の規定に思えます。

しかし、商品の開発については相手先の意向や指示があり、あなたの開発の自由度が制限されていたという状況であった場合はどうでしょうか。この場合、相手先の指示で完成した商品について損害が生じたときは、本来ならば責任は指示をした相手先が取るべきなのです。

ところが、この条項によって相手先は免責されてしまいます。したがって、このような場合での当該条項は、あなたに不利な内容と言えるのです。

あなたとしては、少なくとも相手先の意向や指示部分が原因で損害が生じた場合については、相手先が責任を負うような内容に修正を依頼すべきでしょう。

では、次の条項はどうでしょうか。

第○条（免責）

　　甲の過失の有無を問わず、本件データのアップロード及び本件データ配信の全部又は一部が不能となったことにより乙に損害が生じた場合でも、甲は、その責任を負わないものとする。

　こちらも損害賠償責任について免責を認める条項で、データ配信等業務を行う相手先が、当該業務を行えなくなったときにあなたに生じた損害について免責される内容となっています。

　ここで、当該業務を行うことができなくなった事由が、天災や予測不可能なエラー等のような、相手先の過失を問えないようなものであれば、免責も致し方ありません。しかし、この条項は、相手先に過失がある場合（相手先が通常のメンテナンス作業を怠った等）まで免責されている点が問題です。「相手先の業務の不能に関して、いかなる理由であっても、あなたは責任を追及できない」という点において、あなたに不利な内容と言えます。

　したがって、あなたとしては、「甲の過失の有無を問わず」の部分を削除して、相手先に過失がある場合は免責できない内容に修正するよう依頼すべきです。

▶▶免責となる条件は明確か？

　次の実際の契約書にあった免責条項は、先ほどと同じく「責任を負わない」とするものですが、免責条件が曖昧にされているものです（あなたは乙の立場であると想定してください）。

第○条（配信業務の中断）

　　甲は、次の各号に定める場合、乙に事前の通知をすることなく、配信業務の全部又は一部を、一時中止又は中断することができる。この場合、乙に生じた損害について、甲は一切責任を負わない。
（1）　配信プラットフォームの保守点検を定期的又は緊急に行う場合
（2）　乙に個別配信条件書に違反する事実が発見された場合
（3）　その他甲が配信業務の運営上必要であると判断した場合

上記条項は、相手先が一定条件の下で契約業務を一時中止又は中断した影響で、あなたに損害が生じても、その賠償責任が免除される内容になっています。

　条件を見てみると、(1)については業務を遂行する上で不可抗力的な事情ですから、免責もやむを得ないでしょう。(2)についても、あなたに何らかの契約違反があることが条件になっていますから、この事由で免責されてもあなたの自己責任の意味合いが強いです。しかし、(3)については条件の成就が曖昧かつ相手先の判断に委ねられているため、相手先の独断であなたが不測の損害を被る可能性があります。

　したがって、(3)においては、あなたに不利なものとなります。あなたとしては、(3)を削除するか、より具体的な条件に修正するよう依頼すべきでしょう。

― POINT ―

❶免責条項があった場合は、一方当事者に不利な内容である場合が多いため、内容を注意深く確認することが重要である。

❷確認する際は、「どのような条件で免責されるのか」「どのような責任が免除されるのか」「どこまで免責されるのか」といった点に着目すると、具体的にどのように不利なのか、またどんな状況で不利になるのかを想定できる。

「第三者」が登場している条項

▶▶第三者との紛争の原因は誰にあるのか？

　契約書は当事者間におけるビジネスルールを設定するものですから、第三者（契約当事者でない者）は原則的に契約当事者間のルールには無関係なはずです。

　しかし、実際のビジネスにおいては、当事者間だけでなく、第三者が関与することもよくあります。そのため、契約書には第三者の関与があった場合における当事者間のルールを規定したものが見受けられます。

　実際の契約書を見てみましょう（あなたは乙の立場であると想定してください）。

第○条（業務遂行上生じた第三者との紛争）

1　乙は、本件業務の遂行上生じた第三者との紛争（乙による本件業務の遂行に起因して本契約終了後に生じた紛争を含む。）については、乙の費用と責任においてこれを解決し、甲に対し一切の損害を与えてはならないものとする。

2　乙は、甲に対し、前項に定める紛争解決後、速やかにその結果を報告するものとする。

3　乙は、第1項に定める紛争に関して甲に損害が生じた場合には、その損害（弁護士費用及び訴訟費用を含む。）を賠償するものとする。

　上記条項は、契約遂行において第三者と紛争が生じた場合の対応について規定したものです。

　例えば「相手先がフィギュア制作をあなたに委託して、あなたがフィギュア制作の塗装過程で塗装技術の特許を取得している第三者の特許権利を侵害してしまい、当該第三者から特許権侵害に基づく損害賠償請求をされた」といった

状況を想定して規定されます。

　そうすると、相手先からしてみれば、あなたの特許権侵害行為にまで責任を負いたくはないため、あなたが責任を取るべきだということになるでしょう。

　しかし他方で、仮に相手先から業務内容が細かく指示されており、塗装場面においても当該特許技術を使うよう指示がされ（あなたはその技術が相手先の持つ技術だと思っていた）、それに従ったところ第三者の権利を侵害したという事情であれば、あなたからしてみれば上記内容は到底納得できるものではないはずです。

　したがって、上記条項においては「あなたにどの程度の業務権限があるか」、すなわち「第三者の権利侵害の原因となった行為が相手先に起因するのかあなたに起因するのか」によって、あなたに不利か否か判断が変わってきます。

▶▶事前の表明の有無で判断が変わることも

　それでは、次の条項はどうでしょうか。先ほどの条項と似ているのですが、知的財産権が関係するビジネスではよく見受けられる条項です（あなたは乙の立場であると想定してください）。

第〇条（第三者の知的財産権侵害）

1　乙は、本件業務遂行の過程において、第三者の著作権、意匠権、商標権、特許権、パブリシティ権その他の知的財産権（以下「知的財産権等」という。）を侵害してはならない。

2　乙は、甲に対し、本件業務遂行の過程で第三者の知的財産権等を侵害しないことを表明し、保証するものとする。

3　前2項にかかわらず、乙が、第三者から知的財産権等を侵害するとして何らかの請求（訴訟手続に基づく請求を含むがこれに限らない）を受けた場合、乙は自らの費用及び責任において解決し、甲に対し一切の損害を与えてはならないものとする。

4　乙は、前項に定める請求に関して甲に損害が生じた場合には、その損害（弁護士費用及び訴訟費用を含む。）を賠償するものとする。

　上記条項は、先ほどの第三者の権利侵害対応に関する内容に加え、第三者の知的財産権を侵害しないよう当事者間で確認する内容を規定したものです。あなたに対して、事前に第三者の権利侵害をしない旨（例えば、第三者が作成したロゴマークや、第三者が描いたデザイン画等を無断で使用しない旨）を表明させることで、第三者の権利侵害が起こらないよう対策されています。このように第三者の権利侵害をしないと表明したにもかかわらず、結果的に第三者の権利侵害をしたならば、あなたがその責任を負うことについてはやむを得ないと言えるでしょう。

　したがって、当該条項はあなたに特段不利な内容のものとは言えません。

▶▶ビジネスに直接関係する第三者の責任まで負わされていないか？

　第三者が関与する条項には、当事者間のビジネスに直接かかわる特定の者に関する規定もあります。そのような場合、当事者間にその特定の者を含む三者間契約を結ぶことが多いですが、三者間契約は結ばないで次のような条項を定めるケースもあります。

第○条（乙の義務）

1　乙は、本契約における乙の義務を遵守するほか、丙をして、本契約上の丙の義務を遵守させるものとし、丙が本契約上の義務に違反した場合には、当該違反に起因して甲に生じた損害につき、乙は、違反した丙と連帯してその全額を賠償する責任を負うものとする。

2　乙は、前項のほか、甲の要請に応じて、丙について、必要かつ合理的な範囲で、教育及び管理を行うものとする。

3　乙が前項に定める丙に対する教育及び管理の義務を怠ったことに起因して甲に損害が生じた場合には、乙は、その全額を賠償する責任を負うものとする。

　これは、インターネット上での動画投稿や動画配信のプラットフォームを運営する事業者（甲）が、スカウト会社（乙）に対して、動画配信者（丙）のスカウ

ト業務を依頼した業務委託契約の一部分です。

　上記条項は、簡単に言うと「スカウトしてきた動画配信者の責任を、スカウト会社が負う」という内容になっています。そうすると、本来スカウト会社はスカウト業務だけを行えばいいはずなのですが、上記条項によって、動画配信者のマネジメントの義務まで余計に負わされることになってしまいます。スカウト会社としては、業務内容に含まれていない事項まで義務を負わされ、契約関係上は第三者である動画配信者の責任まで代わりに負わされて、まさにとばっちりを受けています。

　したがって、上記条項はスカウト会社にとって不利なものと言えます。スカウト会社としては、かかる条項の削除を依頼すべきです。プラットフォーム運営事業者との関係上それが難しいのであれば、せめて動画配信者を含めた三者間で契約を締結し、責任の所在や分担を明確にすべきでしょう。

┌ POINT ─

❶第三者に発生した損害について責任の所在を決定する場合は、発生が想定される第三者の損害の原因について当事者間の契約関係においてどちらに非があるかをよく考えるべきである。

❷ビジネスに直接関係する第三者については、当該第三者が起こした問題に関して、とばっちりを受けることがないか内容をよく確認すべきである。

❸❷のようなとばっちりを受ける規定があり、単純に削除できない事情がある場合には、当該第三者と別途契約を締結する方法により解決できることがある。

どんなビジネスでも
必要になる基本条項

　契約書は当事者間におけるビジネスルールを設定するものです
から、当然、取引内容によって盛り込むべき条項は変わってきま
す。しかし、どんなビジネスをするにあたっても、多くの場合は必
要になる「基本的な条項」も存在します。本章では、そんな基本
的な条項について解説します。

反社会的勢力排除条項

▶▶ 現在の契約書では盛り込まれているのが当たり前

2011年、すべての都道府県で、契約の際に反社会的勢力排除に関する特約条項を定める努力義務等を規定した「暴力団排除条例」が施行されました。これを契機に、当該特約条項が積極的に導入されていきました。

そして現在では、暴力団等の反社会的勢力との関係遮断の動きはかなり社会に浸透しています。時代の流れに合わせるように、現在締結される契約書には当然のように反社会的勢力排除に関する条項が盛り込まれています。

もちろん、上述したように、当該条項を契約に盛り込むことはあくまで努力義務ですから、当該条項がないからといって罰則等のペナルティはありません。しかし、相手が反社会的勢力であることが判明した場合に催告なく契約を解除するなどの対処をして速やかに関係を遮断するためにも、当該条項は可能な限り盛り込むべきです。

したがって、確認すべき契約書に当該条項がなかった場合は、指摘の上で盛り込むようにしてください。

▶▶ 反社会的勢力排除条項例の一般的な文例

反社会的勢力排除条項については、インターネット上に数多くの参考文例があります。その中でも基礎となるのが、警察庁がウェブサイト上に掲載している「暴力団排除モデル条項・解説」[*1]です。本書では、契約書の類型に左右されない、より一般的な文例にアレンジして紹介します。

[*1] 当該モデル条項・解説（https://www.npa.go.jp/bureau/sosikihanzai/bouryokudan.html）は不動産取引契約書に関するものですが、様々な契約書に応用できます。

第○条（反社会的勢力の排除）

1 甲及び乙は、自己が以下の各号の一に該当しないことを確認し、将来にわたって該当しないことを表明し保証する。なお、相手方が本条に違反していると疑義を生じた場合には、相手方に対して調査及び報告を求めることができるものとする。

(1) 反社会的勢力（自らが、暴力団、暴力団関係企業、総会屋若しくはこれらに準ずる者又はその構成員）であること。

(2) 反社会的勢力に協力又は関与していること。

(3) 役員（取締役、執行役、監査役その他名称の如何を問わず、実質的に経営に関与している者をいう）、親会社・子会社が上記各号にあたること。

(4) 反社会的勢力に自己の名義を利用させ、この契約を締結すること。

2 甲及び乙は、自己又は第三者を利用して以下の各号のいずれか一にでも該当する行為をしてはならないものとする。

(1) 暴力的な要求行為

(2) 法的な責任を超えた不当な要求行為

(3) 取引に関して、脅迫的な言動をし、又は暴力を用いる行為

(4) 風説を流布し、偽計を用い又は威力を用いて相手方の信用を毀損し、又は相手方の業務を妨害する行為

(5) その他前各号に準ずる行為

3 甲及び乙は、自己が本条に違反していると判明した場合は直ちに相手方に通知し、是正措置を講ずる義務を負うものとする。

4 甲及び乙は、自己が本条に違反していると判明した場合、違反者は本契約の期限の利益を喪失し、本契約上の債務を直ちに相手方に対して一括弁済する義務を負うものとする。

5 甲及び乙は、相手方が本条に違反したときは、何らの催告を要せずして、本契約を解除することができるものとし、解除により相手方に発生した損害を賠償する責任を一切負わず、自己に発生した損害の賠償を相手方に請求できるものとする。

反社会的勢力排除条項は、ビジネス上のルールとして当事者間共通の利害が一致するものですから、当事者間いずれかに不利である内容が規定されていることは基本的にはありません。また、当該条項は既に多くの契約書に盛り込まれているため、条項自体が洗練されてきており、条項に盛り込まれるべき内容に漏れが生じるものはあまり見受けられません。

　そのため、当該条項に関しては他の条項と比較してそれほど時間をかけてチェックする必要性は小さいと考えます。とはいえ、何も確認しなくていいというわけではありませんから、次の通りチェックポイントを挙げます。

▶▶「解除」条項をチェックしよう

　当事者の相手方が反社会的勢力であることが契約書締結後に判明した場合、そのまま契約を継続すると法令や条例に違反するだけでなく、社会からの評価も失墜してしまいます。反社会的勢力であることが判明した場合は、直ちに契約を解除し、関係を遮断しなければなりません。そして、相手方が反社会的勢力であるという事実のみをもって契約を解除するためには、当該条項において解除特約を規定する必要があります[2]。

　したがって、次の点について確認してください。

・当該条項に解除特約があるか。
・解除特約には無催告で直ちに解除できる旨の文言等があるか（上記文例で言えば第5項の「甲及び乙は、相手方が本条に違反したときは、何らの催告を要せずして、本契約を解除することができるものとし」の部分）。

▶▶「損害賠償」条項をチェックしよう

　解除特約に基づき、無催告で直ちに契約を解除した場合、それはビジネス中の急な契約解除になるわけですから、相手方にビジネス上の損害が生じることがあります。そうすると、相手方から、解除によって損害が生じたことを理由に損害賠償を請求される可能性があります。こういった損害賠償請求をされないために、相手方からの損害賠償請求を認めない特約を規定する必要があります。

＊2　法律上、契約の解除要件に「相手方が反社会的勢力であること」というものはありません。したがって特約を規定しなければ、相手方が反社会的勢力であるという事実のみで直ちに解除することはできません。なお、当該解除特約の規定を定める努力義務があります（東京都暴力団排除条例第18条2項1号）。

　また、同様に解除した側にも損害が生じる可能性があります。そのため、解除した側からの相手方に対する損害賠償請求は認める文言を入れることも忘れないようにしましょう。

　したがって、次の2点について確認してください。

・相手方からの損害賠償請求を認めない文言（上記文例の第5項で言う「解除により相手方に発生した損害を賠償する責任を一切負わず」の部分）があるか。
・解除した側からの損害賠償請求を認める文言（上記文例の第5項で言う「自己に発生した損害の賠償を相手方に請求できるものとする」の部分）があるか。

▶▶▶暴力団の親分の誕生日会に出席したら暴力団関係者の仲間入り!?

　ところで、度々メディアで取り上げられる「暴力団関係者」とはどういった人たちなのでしょうか。

　東京都暴力団排除条例第2条第4号に定義される「暴力団関係者」は、「暴力団員又は暴力団若しくは暴力団員と密接な関係を有する者をいう」となっています[3]。

　「暴力団員又は暴力団若しくは暴力団員と密接な関係を有する者」の一例としては、暴力団又は暴力団員と社会的に非難されるべき関係を有していると認められる者が挙げられます。

　ここで「社会的に非難されるべき関係」とは次のような関係と言えます[4]。

・相手方が暴力団員であることを分かっていながら、その主催するゴルフ・コンペに参加している場合
・相手方が暴力団員であることを分かっていながら、頻繁に飲食を共にしている場合
・誕生会、結婚式、還暦祝いなどの名目で多数の暴力団員が集まる行事に出席

＊3　ちなみに「反社会的勢力」の定義については現在のところ存在しません。法務省の「企業が反社会的勢力による被害を防止するための指針」によると、反社会的勢力を「暴力、威力と詐欺的手法を駆使して経済的利益を追求する集団又は個人である」としていますが、正式な定義とされているわけではありません。

＊4　警視庁ホームページ東京都暴力団排除条例Q&A参照。

している場合

・暴力団員が関与する賭博等に参加している場合

　したがって、暴力団員の誕生日パーティーや暴力団主催のパーティーに呼ばれて出席した場合、「暴力団関係者」と認定されてしまう可能性があるので、十分に気を付けてください。

POINT

❶反社会的勢力の排除条項は必須条項である。

❷反社会的勢力の排除条項では「解除」と「損害賠償」の規定があるかを確認すべきである。

❸知らず知らずのうちに暴力団関係者にならないよう注意すべきである。

第2項 秘密保持条項

▶▶ 会社の秘密情報は諸刃の剣

　ビジネスパートナーとの共同事業の上では、互いのビジネスノウハウ等の秘密情報をパートナーに提供することで効率やクオリティを上げることができ、より大きい成果を出すことができます。このことは、ビジネスを営む経営者の間では周知の通りであり、また誰もが経験していると思います。

　しかし、ここで心配になるのが会社の秘密情報の漏洩です。これらの情報は、会社の財産であり経済的価値が大きいものですから、当該情報を共有したビジネスパートナーがうっかり（又はわざと）他人に漏洩した場合、当該情報の価値は、公になったという意味で大きく下がります。

　したがって、会社の秘密情報の共有は、ビジネスでの大きな成果をもたらす反面、会社の財産を失うリスクを負うことになるのです。

　そこで、登場するのが秘密保持条項です。この秘密保持条項を定めることにより、共有した秘密情報の漏洩を防止します。

▶▶ 秘密保持条項の一般的な文例

　秘密保持条項は会社の秘密情報を適切に管理する上で非常に重要な条項になりますから、当該条項のチェックは慎重に行う必要があります。

　ではどのような点に注意してチェックすればいいのでしょうか。実際の秘密保持条項を見ながら検討してみましょう。

第○条（秘密保持）

1　甲及び乙は、本件業務のため相手方より提供を受けた技術上又は営業上その他業務上の情報のうち、相手方が書面により秘密である旨指定して開示した情報、又は口頭により秘密である旨を示して開示した情報で開示後5日以内に書面により内容を特定した情報（以下併せて「秘密情報」という）を相手方の事前の書面による承諾を得ないで第三者に開示又は漏洩してはならず、本契約の遂行のためにのみ使用するものとし、他の目的に使用してはならないものとする。ただし、次の各号のいずれか一つに該当する情報についてはこの限りでない。また、甲及び乙は秘密情報のうち法令の定めに基づき開示すべき情報を、当該法令の定めに基づく開示先に対し、開示することができる。

(1)　秘密情報義務を負うことなく既に保有している情報。

(2)　秘密情報義務を負うことなく第三者から正当に入手した情報。

(3)　相手方から提供を受けた情報によらず、独自に開発した情報。

(4)　本契約及び覚書に違反することなく、かつ、受領の前後を問わず公知となった情報。

2　前項の定めにかかわらず、甲及び乙は、裁判所、捜査機関その他の第三者に対する秘密情報の開示を法令により義務付けられた場合には、相手方に対してその旨を事前に通知した上で、当該義務の範囲において秘密情報を開示することができるものとする。なお、事前の通知が困難な場合は事後に遅滞なく通知するものとする。

3　甲及び乙は、相手方の書面による事前の承諾を得て第三者に対して秘密情報を開示する場合、当該第三者に対して本条と同等の義務を課すものとし、かつ、当該第三者による当該義務への違反について相手方に対してすべての責任を負うものとする。

4　甲及び乙は、本契約の契約期間が終了した場合、相手方から受領した秘密情報が不要となった場合、又は相手方から要求があった場合には、相手方の秘密情報及びその複製物を、相手方の指示に従い遅滞なく相手方に返却し又は廃棄若しくは消去するものとする。

▶▶▶ 秘密情報の範囲を確認しよう

　一番初めに確認すべきは、どの情報を秘密情報として保護対象にするかという点です。ビジネスをする上で共有する情報のすべてが秘密情報に該当するわけではありません。仮にすべての情報を秘密情報としてしまうと、管理コストが非常にかかり逆にビジネスが円滑に回らないおそれがあります。

　したがって、守るべき情報をできる限り明確に限定する必要があります。

　上記文例においては、秘密情報を次のように限定しています。

　本件業務のため相手方より提供を受けた技術上又は営業上その他業務上の情報のうち、相手方が書面により秘密である旨指定して開示した情報、又は口頭により秘密である旨を示して開示した情報で開示後5日以内に書面により内容を特定した情報

　つまり、情報を開示する側が「秘密情報」であることを明確に相手方に示した情報のみが、秘密情報として保護対象になるわけです。

　このように、秘密情報の範囲のチェックの際は、秘密情報が明確に限定されているか（曖昧な定義になっていないか）を注意してください。

▶▶▶ 例外的に秘密情報に該当しない情報を確認しよう

　上記の秘密情報の範囲については、開示側が任意で限定できる方法によるものでした。しかし、本来は秘密情報とすべきではない、又はそもそも秘密情報とは言えない情報も、開示側が自由に秘密情報として指定できるのであれば、相手方としては管理コストが余計にかかりますし不都合が生じます。

　そこで、例外的に秘密情報に該当しない情報を列挙して秘密情報の指定に制限をかけることが必要です。かかる制限を定めたものが、上記文例の第1項各号になります。

　もっとも、このような例外規定条項は一般化していることが多く、上記文例と同趣旨のものがほとんどであるため、チェックの重要性はそれほど高くありません。

▶▶ 秘密保持義務の内容を確認しよう

秘密情報の範囲を確認した後は、その秘密情報をどのように扱うのかを確認しなくてはなりません。

上記文例では、次のように規定しています。

相手方の事前の書面による承諾を得ないで第三者に開示又は漏洩してはならず、本契約の遂行のためにのみ使用するものとし、他の目的に使用してはならないものとする。

このように、一般的には「秘密情報を事前の承諾なく第三者に開示することの禁止」と「秘密情報の目的外使用の禁止」が定められていることが多いです。

したがって、秘密保持義務の内容を確認する際も、この2点が規定されているかに注意してください。

▶▶ 秘密情報使用後の処理方法を確認しよう

秘密情報の開示を受け管理するのは当然ですが、契約が終了しても半永久的に管理し続けるのは被開示側にとっては酷です。そこで、契約終了後の秘密情報の後始末について定める必要があります。その際には、その方法が情報の漏洩が生じない方法であるか注意してください。

上記文例では、次のように規定されています。

本契約の契約期間が終了した場合、相手方から受領した秘密情報が不要となった場合、又は相手方から要求があった場合には、相手方の秘密情報及びその複製物を、相手方の指示に従い遅滞なく相手方に返却し又は廃棄若しくは消去するものとする。

このように、一般的には「相手の指示に従って返却あるいは破棄・消去」する方法が多いですし、このような方法であれば、情報漏洩の可能性は小さいため適切な内容であると考えます。

▶▶存続期間がある場合には期間の年数に注意しよう

なお上記文例にはありませんが、秘密保持条項では、契約終了後も秘密保持義務が有効に存続することが定められることもあります。例えば、「本規定は、本契約終了後3年間、引き続き効力を有する」といったものです。

この場合、契約終了後も3年間秘密保持義務を負うことになります。

ここで注意すべき点は、存続期間です。存続期間が長期に及ぶと秘密保持管理コストがかかり好ましくありません。また、情報は一定期間が経つと陳腐化するため（例えば会社独自で調査した2020年における購買意欲に関する市場調査データといった普遍的なデータでないものは陳腐化が早いと言えるでしょう）、存続期間が長期になるとその期間中に秘密情報が陳腐化し、保護する必要のない情報になる可能性もあります。

したがって、存続期間の年数については契約当事者間でよく話し合って適切な期間を定めてください。

POINT

❶秘密保持条項では秘密情報の「対象」「取引扱い方法」に関する内容について確認すべき。

❷秘密保持条項は契約終了後も有効である場合があるので、その有効期間に注意すべき。

個人情報保護条項

▶▶個人情報の取り扱いは重要かつ難しい

　昨今では周知の通り、個人情報の取り扱いがうるさく言われています。そして、近年のビジネスにおいても個人情報を取り扱う場面は格段に増えています。例えば、PCの閲覧履歴情報や健康情報、本人が写る写真データ情報等、実に様々な情報が個人情報に該当し得ます。したがって、契約書で個人情報の取り扱いについて定めることはとても重要です。

　しかし、個人情報の取り扱いを当事者の自由に定めることはできません。なぜなら個人情報の取り扱いについては「個人情報の保護に関する法律」（いわゆる「個人情報保護法」）により統制されており、さらに個人情報保護法に関するガイドライン＊5により、具体的に個人情報の取り扱い方法が解説されているからです。

　したがって、個人情報保護に関する取り扱いについての条項は重要である一方で、法令等の要求が多く、当事者間で自由に定めることができない難しさがあります。

▶▶個人情報保護条項の文例とチェックポイント

　このように、個人情報保護条項に関しては作成難易度が高いことから、契約書において当該条項を一から作ろうとすることは少なく、雛型を利用して作成されている場合が多いです。そのため、契約書チェックの際、当該条項が含まれている場合は既にそれなりの完成度であると考えていいと思います。

　参考までに、実際の契約にあった個人情報保護条項を紹介します。

＊5　例として、個人情報保護委員会ホームページ掲載のガイドラインや、「個人情報の保護に関する法律についての経済産業分野を対象とするガイドライン」（平成28年12月28日厚生労働省・経済産業省告示第2号）が挙げられます。

第○条 (個人情報の取り扱い)

1 「個人情報」とは、乙が本件業務を遂行するために、甲が乙に預託した一切の情報のうち、個人の氏名、生年月日その他の記述等により特定の個人を識別することができる情報と、これに付随して取り扱われるその他の情報をいい、第○条に定める秘密情報であるものに限られない。

2 甲及び乙は、本件業務の遂行に際して個人情報を取り扱う場合には、それぞれ、個人情報の保護に関する法律及び本契約の定めを遵守して、本件業務の目的の範囲において個人情報を取り扱うものとし、本件業務の目的以外に、これを取り扱ってはならない。

3 甲及び乙は、必要がある場合には、個人情報の取り扱いにかかわる責任者を選任し、かつ本件業務に関して個人情報を取り扱う者を特定しなければならない。

4 甲乙間における個人情報の記録媒体の引渡しについては、その場所及び担当者を特定するものとし、記録媒体の移送は、甲が定める基準に合致した安全で確実な方法により行う。

5 甲及び乙は、相手方より受領した個人情報を、本件業務の目的の範囲を超えて、加工、利用、複写又は複製してはならず、これを取り扱ってはならない。

当該条項のチェックは以下の点に着目すれば足りるでしょう。

①取り扱い対象である「個人情報」の定義が明確化されているか (上記文例では第1項の部分)。
②「個人情報」の取り扱い方法が明確であるか (上記文例では第2項から第5項で定めています)。
③「個人情報」の取り扱い方法が必要最低限度の方法に限定されているか (上記文例では第2項の「本件業務の目的の範囲において」、第3項の「必要がある場合」、第5項の「本件業務の範囲を超えて〜これを取り扱ってはならない」の部分)。

▶▶▶個人情報の取り扱いがメインになるビジネスの場合は専門家へ依頼すべき

ただし、個人情報を取り扱うことが多いビジネスを営む経営者や、個人情報の取り扱い自体をビジネスとしている経営者は、個人情報保護に関してかなりの注意を払う必要があります。また、このようなビジネスの場合、個人情報保護条項は法令やガイドライン等に倣い非常に綿密に作成する必要がある一方で、ビジネスの個々具体的事情を加味しなくてならないため、安易に雛型の利用もできません。

したがって、当該ビジネスを営む方が個人情報保護条項を作成する際は、個人情報保護について詳しく解説している書籍をお読みいただくか、専門家に依頼するのがいいでしょう。

POINT

❶多くの個人情報を取り扱う事業を行う場合、個人情報保護条項の確認はかなり注意して行うべきである。

第4項　契約期間更新条項

▶▶契約更新の面倒な作業を省略できる

　契約には契約期間というものがあり、契約期間を満了すると契約が終了するというのが通常です。しかしながら、ビジネスが好調だったり、今後も継続的に利益が見込めそうだったりした場合は契約期間を延長したいものです。

　ただ、契約が一度終了してしまうと、また同様の契約を続けたいと思っても再度契約締結作業をしなくてはなりません。契約期間更新条項はそのような再度契約締結作業の手間を省略する条項として有益です。

▶▶契約更新条項の文例とチェックポイント

　契約期間更新条項は、「契約期間」「契約更新の条件」「契約更新期間」「更新契約内容の条件」の4点がチェックポイントになりますが、どの項目も専門用語が使われていないので、チェックすること自体は簡単にできます。

　ここで、実際の契約書における契約更新条項を見てみましょう。

第○条（契約期間）

1　本契約の有効期間は、本契約締結の日から1年間とする。

2　前項の規定にかかわらず、期間満了日の1ヶ月前までにいずれの当事者からも何らの意思表示ない場合、同じ条件でさらに1年間更新されるものとし、その後も同様とする。

　上記文例は契約終了の1ヶ月前までに「意思表示」をしない限り、契約が同条件で1年更新されるというものです。

　ここでの懸念点は、「意思表示」の方法です。メールなのか、書面なのか、方法をはっきりさせた方が分かりやすいです。また伝える内容は、契約を更新しないという旨を伝えればいいのか、これも明示しておいた方が両当事者とも契約更新の有無について誤解が生じなくて済みます。

もう一つ、別の例も見てみましょう。

第○条（契約期間）

1　本契約の有効期間は令和○年○月○日から令和○年○月○日までとする。
　　ただし、甲又は乙が書面による解約の申し出をしない場合は、同一の条件で
　　1年間更新されるものとし、以後同様とする。

　こちらも契約終了までに解約の申し出をしない限り契約が同条件で1年更新されるというものです。

　こちらの懸念点は解約申し出の期限です。このような期限がない場合、「契約終了間近まで申し出がないため契約更新の準備（例えば仕入れや仕込み等の準備）をしていたら、前日になって相手方から解約の申し出があった！」というときに、それらの準備が無駄になってしまいます。そのような不安定な期間を排除するためにも、「期間満了日の○ヶ月前まで」といったような期限を定めた方がいいでしょう。

　ただし、期限を契約終了時より相当前に設定することは、双方の契約終了を望む意思を不当に制約することになりかねませんので、注意してください。

▶▶▶ 契約期間の計算方法に注意しよう

　さて上記文例においても契約期間が示されていますが、契約期間の計算方法はご存知でしょうか。

　例えば、契約締結日が7月1日であった場合、次のような条項なら、契約期間満了日はいつになるでしょうか。

　本契約の有効期間は、本契約締結の日から10日間とする。

　おそらく「7月10日」という意見と、「7月11日」という意見に分かれると思います。この違いは7月1日を期間に入れるか否かで生じます。

　正解は、7月11日です。つまり、契約締結日は期間に算入しないということです＊6。

＊6　これを初日不算入の原則と言います（民法140条）。

では、次のような条項ならどうでしょう。

> 本契約の有効期間は、7月1日から10日間とする。

実はこの場合、契約満了日は7月10日となります。

なぜかといえば、「契約初日が午前零時から始まるときは、その初日は契約期間に算入する」という決まりがあるからです[*7]。つまり「7月1日から契約が始まる」という書き方は「7月1日午前零時から契約が始まる」と解釈できるわけです。

では、年単位の書き方の場合はどうでしょうか。

> 本契約の有効期間は、令和元年7月1日から1年間とする。

この場合、期間満了日は令和2年6月30日となります。

期間が月単位・年単位の場合、月と年を日数に換算することなく計算します[*8]。つまり、月の日数の異なりや、閏年の異なりは、無視して扱います。そうすると、令和元年7月1日から1年間は、令和元年7月を最初の月数と数え、1年後の令和2年6月の末日が満了日となるわけです。

ちなみに、あまり見かけないものになりますが、下記の場合も計算してみましょう。

> 本契約の有効期間は、令和元年7月15日から1年間とする。

この場合、期間満了日は令和2年7月14日となります。

このように、月の途中から計算するときは、翌月から年数を数えて、最後の月の起算日（7月15日）にあたる日の前日に期間が満了するわけです[*9]。

ただし、次のように注意が必要な場合もあります。

> 本契約の有効期間は、令和2年1月31日から1ヶ月とする。

[*7] 民法140条但書。

[*8] 民法143条1項。

[*9] 民法143条2項。

この場合は、期間満了日は令和2年2月28日（閏年の場合は29日）となります。

　先と同様に計算すると満了日は2月30日となりますが（2月31日の前日）、2月は30日も31日もないため、2月末日の28日（29日）になるのです[10]。

　このように期間の計算はときに複雑になりやすいため、契約期間条項を作成する際は以下の通りに定めるのがお薦めです。

　本契約の有効期間は、令和○年○月○日から令和○年○月○日までとする。

　こうすることで余計な計算は不要になります。

▶▶▶契約期間はデータで整理しておくと契約の見直しがしやすくなる

　なお、契約更新条項は例に挙げた通り、契約終了の意思表示がないと契約が自動で更新される旨を定めたものが多いです。

　そのため、契約終了の意思表示期間を徒過してしまうというミスが起こりがちですので注意してください。継続したくない、又は見直しをしたい契約があったときでも、その契約に関して契約終了の意思表示をするタイミングを失うと自動で更新されてしまいます。仮にそれが採算の取れないビジネスであった場合は会社の損失にも繋がります。

　このようなミスは、契約本数が増えてきてどの契約がいつまで続いて、いつまでに契約終了の意思表示をすればいいか分からなくなってしまうことで生じやすくなります。

　したがって、契約期間とその契約終了期限、また更新したときの継続期間をデータで一括管理するといった対策をするのがいいでしょう。

```
┌─ POINT ─────────────────────────────────────────────┐
│                                                     │
│ ❶契約期間の表示は「令和○年○月○日から令和○年○月○日までとする」のよ │
│  うに特定すると計算が楽である。                       │
│ ❷契約更新時期や終了時期をデータ管理しておくと、不本意な契約継続を防ぐこ │
│  とができる。                                        │
│                                                     │
└─────────────────────────────────────────────────────┘
```

＊10　民法143条2項但書。

第5項 契約解除条項

▶▶解除は法律でも認められているが……

　もし契約期間中に相手方が契約違反をしたり、相手方の財産状態がかなり悪いことが分かったりした場合、会社としては契約継続が自社の損失に繋がる可能性があるため、いち早く契約関係を終わらせたいと考えます。ここで、途中で契約関係を終了させることを一般的に契約解除と言います。

　契約解除については、実は民法で定められているため、契約書に解除条項がなくても解除の権利は存在します。

　では、なぜ契約書に解除条項が定められていることが多いのか。まずは、民法の条文を見てみましょう（条文は改正民法（令和2年4月1日施行）を掲載しています）。

（解除権の行使）

第540条

1　契約又は法律の規定により当事者の一方が解除権を有するときは、その解除は、相手方に対する意思表示によってする。

2　前項の意思表示は、撤回することができない。

（催告による解除）

第541条

　当事者の一方がその債務を履行しない場合において、相手方が相当の期間を定めてその履行の催告をし、その期間内に履行がないときは、相手方は、契約の解除をすることができる。ただし、その期間を経過したときにおける債務の不履行がその契約及び取引上の社会通念に照らして軽微であるときは、この限りでない。

（催告によらない解除）

第542条

1　次に掲げる場合には、債権者は、前条の催告をすることなく、直ちに契約の

解除をすることができる。

(1) 債務の全部の履行が不能であるとき。

(2) 債務者がその債務の全部の履行を拒絶する意思を明確に表示したとき。

(3) 債務の一部の履行が不能である場合又は債務者がその債務の一部の履行を拒絶する意思を明確に表示した場合において、残存する部分のみでは契約をした目的を達することができないとき。

(4) 契約の性質又は当事者の意思表示により、特定の日時又は一定の期間内に履行をしなければ契約をした目的を達することができない場合において、債務者が履行をしないでその時期を経過したとき。

(5) 前各号に掲げる場合のほか、債務者がその債務の履行をせず、債権者が前条の催告をしても契約をした目的を達するのに足りる履行がされる見込みがないことが明らかであるとき。

2　次に掲げる場合には、債権者は、前条の催告をすることなく、直ちに契約の一部の解除をすることができる。

(1) 債務の一部の履行が不能であるとき。

(2) 債務者がその債務の一部の履行を拒絶する意思を明確に表示したとき。

（債権者の責めに帰すべき事由による場合）

第543条

　債務の不履行が債権者の責めに帰すべき事由によるものであるときは、債権者は、前二条の規定による契約の解除をすることができない。

　条文を踏まえ解除の流れを簡単に説明すると、相手方が契約での約束（債務）を実行（履行）しないときは、まず「しっかり約束を実行してください」と相手方に伝えます（履行の催告）。それからしばらくしても（一定期間の経過）相手方が約束を実行しないときに、初めて解除できるという流れになります（541条）。

　懸念点は「履行の催告をしなくてはならない点」と「一定期間の経過を待たなければならない点」です。つまり、解除するのに時間がかかるのです。会社としては、いち早く契約解除して損失を最小限にとどめたいところ、条文に従う手続ですと、それがうまくいきません。また条文では、債務の不履行が軽微なとき等、解除ができない場合も定められています（541条但書、543条）。

　もっとも、542条のように催告なしで解除できる場合もありますが、列挙さ

れる事由が限定されており、不十分と感じるのではないでしょうか。

　そこで、迅速に契約を解除して会社のリスクを最小限に抑えるために、契約書で別途解除条項を定めるのです。

▶▶解除条項の例文とチェックポイント

　では、実際に契約書で使われた解除条項を見てみましょう（解除条項としては一般的なものですが、改正民法に合わせ一部加工しております）。

第○条（解除）

1　甲は、乙が次の各号のいずれか一つに該当したときは、契約の目的を達成することができない状態にあるか否かを問わず、相手方の責めに帰すべき事由の有無にかかわらず、何らの通知、催告を要せず、直ちに本契約の全部又は一を解除することができる。

(1)　債務の全部又は重要な一部の履行が不能であるとき

(2)　本契約に定める条項及び別紙覚書の内容に違反し、甲が乙に対し催告したにもかかわらず、7日以内に当該違反が是正されないとき

(3)　不正の行為をなし、甲の通常の営業を妨げたとき

(4)　第三者より差押、仮差押、仮処分、競売等の申し立てを受けたとき

(5)　債務超過に陥り、又は私的整理、破産手続開始、更生手続、民事再生手続、特定調停若しくは特別清算開始の申し立てがあったとき

(6)　公租公課を滞納し、催告又は保全差押を受けたとき

(7)　合併によらない解散、事業の全部又は重要な一部の譲渡を行おうとしたとき

(8)　監督官庁より営業の取消又は停止等の処分を受けたとき

(9)　刑事訴追を受ける等著しく社会的信用を失墜したとき

(10)　財産状態が著しく悪化し、又はそのおそれがあると認められる事由があるとき

2　前項の場合、乙は解除によって甲が被った損害の一切を賠償する。

　解除条項では、次の2点をチェックすることがポイントになります。

①どんな理由で解除できるのか（解除事由）

　上記例文では契約違反（債務不履行）に加え、相手方が不正行為をした場合や、財産状況が悪化した場合、社会的信用を失った場合といった、債務不履行ではない事由（民法の条文にはない事由）も解除事由に列挙しており、解除できるパターンを増やしています。これによってより会社のリスクを軽減することができます（もっとも、第1項第2号に関しては7日間の猶予を与えており、相手方にも配慮したものとなっています）。

　また、民法の条文では軽微な債務不履行は解除できないとありましたが、上記文例では「契約の目的を達成することができない状態にあるか否かを問わず」解除できるとしており、民法の条文より広範な解除を定めています。

②どのような解除手順を踏むのか（解除手続）

　上記例文では、基本的に無催告解除ができる定めになっています（第1項を除く）。この定めによって、より迅速に解除することができ、会社の損害リスクを最小限に抑えることができます。

　このように、解除条項をチェックする際は、①解除事由が広く定められているか、②迅速に解除できる定めになっているかに注意してください。

▶▶▶ 中途解約条項を入れて契約締結率アップ

　解除条項には、中途解約条項と言われるものもあります。「解除」と「解約」は法律用語の定義上厳密に言えば異なりますが*11、契約書では区別なく使われることがほとんどですので気にする必要はありません。

　さて、この中途解約条項は、簡単に言えばいつでも契約を解除することができる旨を定めたものです。先に紹介した解除のように条件等はありません。

　中途解約条項を定めるメリットとしては、契約締結への抵抗を軽減する点が挙げられます。

　ベンチャー企業を始め、新規事業を行う会社は、先が読めないビジネスを行うことも多々あると思います。契約を締結すれば、原則的に契約期間が満了す

＊11 「解除」は契約の効力を解消し、当該契約を初めからなかったことにする効果（解除の遡及効）を生じさせることをいいます（民法545条）。他方「解約」は、（解約前の契約の効果は残ったまま）契約関係を将来に向かって終了させる効果を生じさせることをいい、「解除」と区別する表現として用いられることがあります。

るまでは当事者はその契約に拘束されます。したがって、契約の相手方にとって、先の読めないビジネスは、契約期間の長さの分だけリスクになるわけです。

そうすると、結果的に契約締結に躊躇されることが増え、なかなか契約関係が成立しないという事態が起こり得ます。そこで中途解約条項を定め、「いつでも契約関係を解消できる」という、ある種の逃げ道を作ることによって、先述したリスクの軽減を図り、契約締結への抵抗感を小さくするわけです。

▶▶中途解約条項は契約関係が不安定になりやすいことに留意

もっとも、中途解約条項を定めるにあたっては、契約関係が不安定になりやすいことに留意する必要があります。

双方当事者がいつでも自由に契約関係を解約できるとしてしまうと、常日頃から「明日解約されるのではないだろうか」といった恐怖にさいなまれてしまいます。これでは、双方の契約関係が極度に不安定になり、うまくいくはずのビジネスもうまくいきません。

したがって、中途解約条項を定めるにあたっては、中途解約を予告し、相手方の契約上の不安定さを軽減するのがいいでしょう。

また不合理な解約や、事前に多額の費用がかかるビジネスにおける解約の場合には、解約時の違約金や事前準備費用分の損害賠償の定めを置くことも、契約関係の安定性を図るのに有益でしょう。

▶▶中途解約条項の例文とチェックポイント

中途解約条項について趣旨が把握できたとこで、実際の中途解約条項を見てみましょう。

第○条（解約）

1　甲及び乙は、本契約期間内においても、相手方に対して1ヶ月前までに、書面をもって通知することにより、本契約の全部又は一部を解約することができる。ただし、甲又は乙において、本契約を継続し難い特別の事情が認められるときは、甲乙協議の上即時本契約を解約することができる。

上記例文は、相手方に対して「1ヶ月前までに」「書面をもって通知」することで解約できる定めになっています。

中途解約条項では、このように「解約するためにはいつまでに何をすればいいか」といった解約条件に注意し、自分の契約関係上の地位が不安定になっていないか確認してください。

　なお、上記例文のように、当事者の協議によって即時解約できる定めを置くことも、双方当事者の契約関係をいち早く解消できる点において有効であると考えます。

┌─ **POINT** ─────────────────────────────────┐

❶解除条項は「解除事由」と「解除手続」の内容について確認すべき。

❷中途解約条項は契約上の安定性が確保されているか確認すべき。

└──────────────────────────────────────┘

第6項

損害賠償条項

▶▶ 損害賠償条項は法律上の規定を確認するために定める

　相手方の何らかのミスで自社が損害を被った場合、相手方に対してその損害の賠償責任を追及することになります。損害賠償条項は、その損害賠償責任を追及する際のルールを定めたものです。

　では損害賠償条項が定められていなかった場合、損害賠償責任を追及することはできないのかと言えば、そうではありません。損害賠償責任に関しては法律上にも定めがあるため（よく耳にする例を挙げれば、債務不履行責任、瑕疵担保責任、製造物責任、不法行為責任あたりでしょうか）、損害賠償条項の有無にかかわらず損害賠償責任を追及することができます。

　では、実際の損害賠償条項を見てみましょう。

第○条（損害賠償）

　　乙は、本契約の定めに違反し、又は故意若しくは過失により甲に損害を与えた場合は、甲に対し、その損害（弁護士費用及び訴訟費用含む。）を賠償しなければならない。

　上記条項は括弧書きを除いて＊12法律上の損害賠償責任の定めを確認したもの、すなわち、法定されたルールと同内容の定めになっています。

　このように、損害賠償条項はそのルールにおいて法律上定められたそれと、それほど変わらないものが多いです。

＊12　ここで弁護士費用及び訴訟費用を相手方に請求できるとする定めを置いた理由としては、通常、弁護士費用と訴訟費用は自己負担するものであり、これらの費用を相手方に負わせるには契約で定める必要があるからです。特に債務不履行責任を追及する訴訟においては弁護士費用が損害と認定されにくい傾向があり、他方、不法行為責任を追及する訴訟においては弁護士費用が損害と認定されやすい傾向があります。

▶▶▶ 損害賠償条項の文例とチェックポイント

　ただし、損害賠償条項には法律上のルールを確認するものだけではなく、契約の性質や当事者間の力関係等により、ルール内容を変更したものも存在します。

　実際の条項例を見てみましょう。

第〇条（損害賠償）

1　甲及び乙は、本契約又は個別契約等の条項に違反したことにより相手方に損害を及ぼした場合には、相手方に直接かつ現実に発生した通常の損害を賠償するものとする。

2　前項の損害賠償の限度額は、債務不履行、不当利得、不法行為その他請求原因の如何にかかわらず、甲又は乙の責に帰すべき事由の原因となった個別契約に定める委託金額の月額と同一の金額とする。

　このような損害賠償条項では、次の2点をチェックすることがポイントになります。

①損害の範囲

　上記文例の第1項は、賠償すべき損害の範囲を定めています。

　相手のミスに起因する損害と言っても、当該ミスと損害の結びつき（これを因果関係と言います）には強弱があります。例えば、あるお店の目玉商品を仕入れる際、仕入先のミスで商品が届かず、目玉商品を売ることができなかったとしましょう。そして、そのお店は「目玉商品の売上分の損害」はもちろん、「目玉商品がなかったために客足が減り、店全体の売上が落ちたことによる損害」も主張したとします。この場合、前者の損害はミスとの結びつきが強いものである一方、後者の損害はミスとの結びつきが弱いものであるといった具合です。

　上記文例は「相手方に直接かつ現実に発生した通常の損害[13]」と損害の範囲を限定しているため、イメージとしては前者のような損害に限定していると言

＊13　民法416条は損害を通常損害と特別損害とに区別しています。もっとも、何が通常損害で何が特別損害であるかは明確な基準があるわけではなく、個別具体的に判断されます。

えます。

　もっとも、契約の種類や性質によって、損害の範囲は変わってくるため、リスクを想定することが大切です。

②損害賠償額の上限

　上記文例では第2項で損害賠償額に上限を定めています。この文例の場合、損害賠償額の上限は「委託金額の月額」となっています。

　このように損害賠償額の上限を定めるメリットは当事者双方にあります。債権者（損害賠償請求をする方）にとっては、損害額の立証[14]する手間が省けるというメリットがあります。債務者（損害賠償責任を負う方）にとっては、損害額の上限を把握でき、リスクを容易に想定できるメリットがあります。

　しかし一方で債権者にとっては、賠償額の上限が低く設定されている場合、損害の回復が十分にできない可能性があるというデメリットがあります。

　損害賠償額の上限を定めるにあたっては、このようなメリットとデメリットを考慮するようにしてください。

　以上のように、損害賠償条項のチェックをする際は、①損害の範囲に関する定めと、②損害賠償額の上限に関する定めに着目してください。

▶▶ 損害賠償条項は内容によっては無効になり得る

　損害賠償条項は、賠償すべき損害の範囲や損害賠償額の上限等を任意に定めることができますが、その内容が無制限に許容されるわけではありません。例えば、「損害賠償責任を一切負わない」といった過度な免責内容や、数百万単位のビジネスにおいて「損害賠償額をあらかじめ10億円に設定する」といった過大な内容のものは、公序良俗や信義則[15]に反することにより、無効と判断される可能性があります。

　このように、法律の規定に反するような内容の定め[16]は、契約で定めても効力を有しない可能性があるので注意してください。

------

[14] 裁判では、損害賠償請求をする方が損害額がいくらであるかを立証しなくてはなりません。これを立証責任や挙証責任と言います。

[15] 公序良俗は民法90条、信義則は民法1条2項で規定されています。

[16] このほかBtoC契約において、事業者の損害賠償責任を免除する内容の条項や、消費者の損害賠償責任について賠償額をあらかじめ設定する内容の条項は、消費者契約法第8条や第9条の適用により無効となります。

それでは実際の条項例を見てみましょう。

第○条（損害賠償）

1　甲及び乙は、本契約に基づく債務を履行しないこと、若しくはその他本契約を違反したことにより相手方に損害を与えた場合、本契約に別途定める場合を除き、本契約の解除の有無にかかわらず、直接かつ通常の損害の範囲で賠償責任を負うものとする。

2　甲及び乙は、相手方に対して、業務上の逸失利益その他の間接損害、特別な事情によって生じた損害、又は相手方の責に帰すべき事由に起因する損害については、いかなる責任も負わないものとする。

上記文例の第1項は賠償すべき損害の範囲を定めたもので、こちらは特に問題ありません。

問題は第2項です。第2項は、間接損害や特別損害[17]についての賠償責任を免除する定めになっています[18]。

悩ましいのは直接損害についての賠償責任を免除しているわけではないという点です。一見すると、「いかなる責任も負わないものとする」とあるので、先に説明したように、公序良俗や信義則に反する責任免除条項のようにも読めます。しかし、よく条項を見てみると、第1項で賠償すべき損害の範囲を直接損害に限定しているため、間接損害や特別損害等はそもそも賠償責任を問われません。そうすると、「第2項は第1項の内容を裏から言い換えているにすぎない」という解釈もできます。

この第2項が無効となるか否かは、個別具体的事情を考慮する必要がありそうです。

以上のように、損害賠償条項において極端な内容の定めがあった場合は、無

＊17　民法416条は損害を通常損害と特別損害とに区別しています。

＊18　「相手方の責に帰すべき事由に起因する損害」については、債務者自身のミスで損害が生じた場合、債権者はその損害賠償責任を免除するという解釈ができます。要するに自分のミスは自分で責任を取るという、いたって合理的な内容です。ただし、仮に事業自体が当事者双方の協力により初めて実現されるようなものの場合、共同作業中にミスが発生し、その過失割合が3：7のように過失の程度に差があったとき、この条項の内容がどのように適用されるのかは難しいところです。

効となる可能性が生じるので、よく内容を確認してください。

POINT

❶損害賠償条項は「損害賠償の範囲」がどのように規定されているかを確認すべき。

❷損害賠償条項の内容は原則的に自由に規定できるが、当事者の一方に極端に不利な内容である場合は無効になる可能性がある。

譲渡可能性条項

▶▶契約上の権利義務の譲渡は法律上自由に行うことができる

　契約は当事者間の合意により成立するものであり、契約締結の過程では、当事者同士の資力や社会的評判、技術力、ポリシー、両者の関係性等、様々な当事者の個性が重視されることが多いでしょう。そうすると、契約上の権利が勝手に第三者に譲渡され、契約の相手方が変わってしまうことは、他方当事者に多大な影響を及ぼし、最悪の場合、契約の意義を失いかねません。また、事業に関して言えば、対価の二重払い等といった弊害も生じる可能性があります。

　しかし、法律上は契約上の権利を譲渡することについては原則自由[*19]なので、契約当事者間で権利の譲渡に関して何らの規定も定めない場合、いざ権利が譲渡されても文句が言えません。

　そこで、権利の譲渡を自由に行われないようにするために譲渡禁止条項を定める必要があります。

▶▶譲渡禁止条項の例文とチェックポイント

　譲渡禁止条項は、個々の契約で大きく内容が変化するといった傾向はありません。そのため、当該条項をチェックするときは「譲渡禁止の対象」と「禁止除外条件」、すなわち例外的に譲渡が許される条件に着目してください。

　ここで、禁止除外条件がなぜ必要かといえば、禁止除外がないと、一律に譲渡を禁止してしまったとき、当事者双方が譲渡に異論がない場合にまで譲渡することが契約違反になってしまい、両当事者を過度に拘束する足枷になってしまうからです。譲渡に関して柔軟に対応できるように禁止条項条件は必要と言えるでしょう。

---

*19　正確に言えば、債権の譲渡は自由です（改正民法466条1項）が、債務の引受については自由でない場合があります。併存的債務引受（債務者は債務の引受をする引受人と共に債務者としての地位にとどまる）の場合は、債務者が引受人との間で債務引受の契約を締結し、債務者が引受人に債務を譲渡するには債権者の承諾が必要です（改正民法470条3項）。また、免責的債務引受（債務者が債務が引受人に引き受けられると債務者の地位から離脱する）の場合は、債務者と引受人との間で債務引受の契約を締結し、債務者が引受人に債務を譲渡するには債権者の承諾が必要です（改正民法472項3項）。

では実際の条項例を見てみましょう。

第○条（譲渡禁止）

　甲及び乙は、相手方の書面による事前の承諾なしに、本契約及び覚書上の地位を第三者に譲渡し、若しくは継承し、又は本契約及び覚書に基づく権利義務を第三者に譲渡し、継承し、若しくは担保に供してはならない。

上記例文はよくある典型的なものであり、譲渡禁止対象は「本契約及び覚書上の地位、権利義務」となっています。

また、禁止条項条件は「相手方の書面による事前の承諾」となっています。承諾を口頭でもよしとする条項も見受けられますが、後から言った言わないの争いになることを避けるため書面による承諾とすることを推奨します。

POINT

❶譲渡禁止条項は一般的な内容であることが多いため、条項自体の有無を確認すべき。

❷契約上の地位の譲渡の承諾は「事前に書面で」行うのが望ましい。

第8項 不可抗力条項

▶▶不可抗力が理由なら法律上責任を負うことはない

　社会生活を送っていれば、ときに自分の意思ではどうしようもない出来事が起こります。そしてそのような出来事により、契約に基づく仕事（債務・義務）が履行できない（債務不履行）事態に陥ることも当然あり得ます。ではそのときの責任の所在はどうなるのでしょうか。

　この点について民法では、債務不履行に関して、過失等の責任を取るべき事由（法律上「帰責事由」と言います）がない場合はその責任を負うことはないとしています[20]。つまり、当事者間の意思や行動では防ぎようのない事態が起こったのだから、どちらに責任があるとかいう問題ではなく、仕方のないことであるから責任は各自で負いましょうということです。

　この結論自体は問題なく受け入れられるものでしょう。問題は、ではどんな事態であれば、仕方のないことで済むのかということです。

▶▶不可抗力には明確な定義はない

　このように、自分たちの意思や行動では防ぎようのない事象のことをよく「不可抗力」と言います。しかし、実は法律上「不可抗力」の具体的内容を定義する規定はありません。ですから、契約の際にどのような事象を不可抗力とするのか定めないままにすると、いざ「不可抗力」っぽい事象が起こったときに、その事象が不可抗力なのか否かに関して当事者間で揉める可能性あります。

　したがって、このような揉め事を事前に防止するためにも、不可抗力条項を定める必要があります。

　では、どのような事象が「不可抗力」に該当するするのか、類型別に例を挙げてみます（筆者独自の分類）。

＊20　改正民法第415条1項には「その債務の不履行は契約その他の債務の発生原因及び取引上の社会通念に照らして債務者の責めに帰することができない事由によるものであるときは」債務不履行責任を負わない旨が規定されています。このように「帰責事由が存在しない場合には債務不履行責任を負わないとする原則」を過失責任主義と言います。

類型	具体例
天災	地震、台風、津波、洪水、竜巻、落雷、土砂災害、火山噴火、伝染病等
人災（天災が原因のものを含む）	原発事故、火災、交通網の麻痺、電気・ガス・水道等インフラ設備の麻痺等
政治的事象	テロ、戦争及び内乱、革命及び国家の分裂、暴動、デモ、法令の改正等
経済的事象	ストライキ、ボイコット等

▶▶不可抗力が起こった場合に契約関係をどうするかを決める

　では、いざ不可抗力事象が発生した場合、契約関係はどうなるのでしょうか。

　確かに「不可抗力事由による債務不履行責任は負わない」としましたが、それだけの取り決めですと契約関係は存続したままになります。

　したがって、「不可抗力事象が発生した場合に契約関係を継続するのか、解除するのか」、また解除する場合は「契約の目的が達成できるか否かにかかわらず解除を認めるのか」それとも「解除の権利行使を一定期間猶予し、猶予期間内に不可抗力事象による影響が解消されないときには解除を認めるのか」、不可抗力事象が発生した場合の契約の効果を定める必要があります。

▶▶不可抗力条項の例文とチェックポイント

では実際の条項案を見てみましょう。

第○条 (不可抗力)

1　本契約上の義務を、以下に定める不可抗力に起因して遅滞若しくは不履行となったときは、甲乙双方本契約の違反とせず、その責を負わないものとする。
(1)　自然災害
(2)　伝染病
(3)　戦争及び内乱
(4)　革命及び国家の分裂
(5)　暴動
(6)　火災及び爆発
(7)　洪水
(8)　その他前各号に準ずる非常事態

2　前項の事態が発生したときは、被害に遭った当事者は、相手方に直ちに不可抗力の発生の旨を伝え、予想される継続期間を通知しなければならない。

3　不可抗力が90日以上継続した場合は、甲及び乙は、相手方に対する書面による通知にて本契約を解除することができる。

第○条 (不可抗力)

1　地震、台風、津波その他の天変地異、戦争、暴動、内乱、法令、規則の改正、政府行為その他の不可抗力により甲及び乙が本契約若しくは個別契約の全部又は一部を履行できない場合であっても甲及び乙はその責任を負わない。

2　前項に定める事由が生じた場合には、甲及び乙は相手方に対しその旨の通知をする。この通知発送後6ヶ月を経過しても前項の不可抗力事由が解消されず、本契約の目的を達成することができない場合には、甲及び乙は催告なくして本契約若しくは個別契約の全部又は一部を解除することができる。

　二つの例文を挙げましたが、いずれも「不可抗力」の具体的内容を列挙した上で、「その他前各号に準ずる非常事態」や「その他の天変地異」「政府行為その他の不可抗力」といった具合に包括的に定めています。「不可抗力」の内容をすべて具体的に列挙することは極めて困難な作業であるし、何よりコストパフォーマンスが悪い。上記各条項のようにある程度例示した上で、包括的にまとめる方法によるのが適当でしょう。

　不可抗力発生後の契約の効力については、上記例文のいずれも解除に猶予期間を設定し、猶予期間内に不可抗力が解消されなければ解除できる定めとしています。ただ、二つめの例文は、猶予期間が6ヶ月と比較的長期であり、解除の条件を「本契約の目的を達成することができない場合」に限定していることから、契約当事者間において不可抗力事象が発生してもできるだけ契約関係を継続させたい意思を読み取ることができます。

POINT
---

❶不可抗力条項は、不可抗力が発生した場合における契約の取り扱いについて確認すべき。

紛争解決条項

▶▶ 「万が一」が起こったときの対策条項

　契約締結後に取引がうまくいかなかったり、一方当事者が契約違反をしたりして、中には紛争まで発展する場合があります。

　紛争解決条項は、そのような万が一の紛争発生に備えて、できる限り円滑円満に紛争を解決することができるように定めるものです。

　具体的には以下の二つの条項として契約書に盛り込まれていることが多いでしょう。

①紛争になる前に話し合いの機会を設ける条項（誠実協議条項）
②裁判の場所を決める戦略的条項（管轄条項）

　それぞれについて、説明しましょう。

▶▶ 誠実協議条項の例文とチェックポイント

　契約関係を継続していると、契約当初を想定していなかった事態や認識の相違、解釈の相違等が明らかになることもあります。誠実協議条項は、それらが原因で関係が悪化することないよう、誠実に協議する機会を設けることを互いに合意した旨を定めたものです。

　実際に条項案を見てみましょう。

第○条（協議）

　甲及び乙は、本契約の規定に関する解釈上の疑義、又は規定に定めのない事項については、法令及び商慣習によるほか、信義誠実の精神に基づき協議を行い解決する。

　上記例文は誠実協議条項の一般的なものです。多くの契約書において同様のものが規定されています。

　この条項は何らかの具体的義務を定めたものではないため、重要度はそれほど高くありません。そのため、契約書のチェックにおいては、このような一般的な内容になっているかを確認すれば足りるでしょう。

▶▶管轄条項の例文とチェックポイント

　話し合いによる解決ができない場合、最終的には裁判によって紛争解決を図ります。

　ところで、裁判をする場所はどのように決定されるのでしょうか。

　実は、訴訟を提起する裁判所の場所は、民事訴訟法によって原則的に決まっています。被告の普通裁判籍の所在地、簡単に言えば被告の住所地を管轄する裁判所が事件の裁判権を有する裁判所になります（民事訴訟法第4条1項）＊21。訴訟事件について裁判権を有する裁判所のことを「管轄裁判所」と言います。例えば、原告の住所が東京にあり、被告の住所が大阪にある場合、裁判所は被告の住所地を管轄する大阪地方裁判所で行われます。

　もっとも、第一審に限っては、管轄裁判所を当事者の合意で定めることができます（民事訴訟法第11条1項）。例えば、先の例で言えば、管轄裁判所を原告に便利な東京地方裁判所にすることも可能ですし、両者の間を取って名古屋地方裁判所にすることも可能です。

　そのため、管轄条項によって管轄裁判所をどこにするかということを定めます。

　実際の条項例を見てみましょう。

第〇条（合意管轄）

　本契約に関する一切の紛争については、東京地方裁判所を第一審の専属的合意管轄裁判所とする。

　上記例文は管轄裁判所を「東京地方裁判所」としています。これにより、両者の住所地にかかわらず管轄裁判所が東京地方裁判所となるので、万が一の紛争時のことについてある程度対策を想定できます。

＊21　訴訟を提起する裁判所は、必ずしも被告の普通裁判籍の所在地を管轄する裁判所というわけではなく、訴訟の目的によって管轄裁判所は変わります。これらは民事訴訟法第5条以下に規定されています。

では、次の条項例はどうでしょうか。

第○条（合意管轄）

　本契約に関する一切の紛争については、甲の本店所在地を管轄する地方裁判所を第一審の専属的合意管轄裁判所とする。

　この文例では管轄裁判所を「甲の本店所在地を管轄する地方裁判所」としています。仮に契約締結時は甲も乙も本店所在地が東京である場合は、両者にとって何も不都合はありません。

　しかし、契約締結後紛争勃発前までに甲が本店所在地を北海道札幌市に移転した場合はどうでしょうか。そのときは、管轄する地方裁判所は札幌地方裁判所となります。こうなると、乙としては、乙が原告であろうが被告であろうが裁判をするためにわざわざ北海道まで出向かなくてはなりませんので、時間的にも費用的にも負担が大きくなります。

　したがって、管轄合意をする際は、「甲（乙）の本店所在地を管轄する地方裁判所」とすると一方当事者にとってリスクですので、「○○裁判所」のように契約締結後の事情に左右されないよう特定して定めることを推奨します。

POINT

❶管轄合意条項については、裁判がどこで行われるのかを確認すべき。

第5章

業務内容によっては必要となる重要条項

前章で紹介した「基本的な条項」に加えて、業務内容によっては追加で必要になる条項もあります。本章では、そうした条項のうち特に重要なものを取り上げていきますので、ご自身のビジネスに関連するものをチェックしてください。

知的財産権についての条項

▶▶ プログラム・デザイン・小説・音楽など知的財産の範囲は広い

一般的な用語として定着している「知的財産」ですが、具体的に何を指すのでしょうか。

知的財産とは、知的財産法[*1]によって保護される情報等の無体物財産のことをいいます。具体的なものとしては、音楽、動画、写真、小説、発明、プログラム、デザイン、絵画等、多岐にわたるものが含まれます。

そして知的財産権とは、知的財産法によって付与される権利のことをいいます。知的財産権は原則的に知的財産を生み出した者に帰属するため、他人が知的財産を利用するには、その権利者の許可が必要です（ビジネスではこの許可を「ライセンス」と言ったりします）。

▶▶ 知的財産権に関する条項のチェックは自らの知的財産を守るために必要

新しいアイデアを生み出すベンチャー企業であれば、ビジネスをする中で次々に新しい知的財産が生まれることでしょう。その中には、非常に財産価値の高い知的財産もあるはずです。事業主としては、そのような価値のある財産は守らなくてはなりません。

そこで重要になってくるのが、契約書における知的財産権（の帰属）に関する条項です。この条項によって、知的財産権について、その帰属先や使用権限などが定められます。

そのため、当該条項のチェックを怠ると、自分が生み出した知的財産であるのに知的財産権が相手に帰属したり[*2]、自己の有する知的財産権であるのに、その知的財産を相手方がライセンス料を払うことなく無償で利用できたりと

---

*1　厳密には、知的財産法という法律はありません。特許法、著作権法、意匠法、商標法、不正競争防止法、実用新案法等、各知的財産の種類によって法律が存在し、これらをひとくくりにして「知的財産法」ということがあります。ちなみに「知的財産基本法」には、「知的財産」の定義が定められています（第2条1項）。

*2　著作権法の著作者人格権といった、契約によって移転しない権利もあります。

いった状況になりかねません。すなわち、当該条項のチェックを怠ると、自己の財産を失うことがあるのです。

したがって、当該条項に関しては注意してチェックする必要があります。

具体的な事例を元に、条項をチェックしてみましょう。

・Bさんはアーティストのプロデュース事業を営んでいる。
・Bさんはアーティストの宣伝広告のためにPV（プロモーションビデオ）を制作することにし、PVの制作をクリエイターであるAさんに依頼した。
・AさんとBさんはPV制作業務委託契約を締結した。
・Aさんは納期に完成したPV作品を納品した。
・納品されたPV作品の一部には、Aが以前に自ら独自に制作した映像シーンが再利用されていた。
・作品全体にAの独自の色彩技術（以下「色彩ノウハウ」と言う）が使われていた。

上記において締結した契約書の知的財産に関する条項は次の通りです（分かりやすくアレンジしています）。

第〇条（知的財産の権利）

1 本業務より作成された成果物にかかる著作権（著作権法第27条及び第28条の権利、並びに著作隣接権を含む。以下同じ*3。）並びにその他の知的財産権はBに帰属する。ただし、成果物のうち、本業務の遂行前に既にAが保有していたことが証明できる著作物（以下、Aの著作物という）についての著作権その他の知的財産権は、Aに帰属する。

2 Aは、Bに対して、Aの著作物を成果物の一部として無償で利用する権利及びBが第三者に対してAの著作物を成果物の一部として無償で利用させる再許諾権を許諾するものとする。

---

*3 著作権法では第27条と第28条の権利（翻訳権、翻案権、二次的著作物の利用に関する原著作者の権利）の譲渡については原則的に留保されるため（第61条2項）、これらの権利も譲渡するためには、当該条項のように別途規定する必要があります。

3　Aは、第1項に基づきBに譲渡した著作権にかかる成果物について著作者人格権を行使しないものとする*4。

　4　Bは、成果物の一部を利用することをAが希望する場合、Aが利用することを許諾することができるものとし、当該許諾の内容は、AB別途協議し決定するものとする。

　5　Bは、成果物に含まれるAのノウハウに関して、何らの制限を受けることなく無償で使用できるものとする。

　それでは、この例文を元に、知的財産に関する条項のチェックポイントを見ていきましょう。

▶▶ どの知的財産権が誰に帰属するのか？

　上記例文の第1項は「成果物（本事例で言うとPV作品）」の財産権の帰属先を規定しています。ここでのチェックポイントは「どの知的財産権」が「誰に」帰属するかです。

　「どの知的財産権」については、次の二つが定められています。

①本業務より作成された成果物の著作権その他の知的財産権
②成果物のうち、本業務の遂行前に既にAが保有していたことが証明できる著作物（以下、Aの著作物という）の著作権

　また、「誰に」帰属するかについては、①の権利はBさんに、②の権利はAさんに帰属することになっています。
　したがって、Aさんは本業務により作成した著作物について著作権を失うことになります。

＊4　第3項は、契約書により移転しない権利についての行使を制限する規定です。実務上頻繁に見受けられる規定ですが、制限の程度によっては規定の有効性に疑義が生じる場合もあります。

▶▶知的財産権の利用権限がどのように定められているか？

では次に、知的財産権の利用権限がどのように定められているか確認しましょう。

上記例文の第2項では上記②（Aが著作権を有する著作物）の利用権限について定められています。本来、Bさんが②の権利を利用するにはAさんに対してライセンス料を支払わなくてはなりませんが、第2項の規定により、Bさんは無償で利用できるとされています。さらに、Bさんだけにとどまらず、第三者も無償で利用できる可能性があるため、Aさんにとってはライセンス料を取ることができないという点で不利な内容になっています。

また、第4項では、Aさんが上記①（成果物にかかる著作権）を利用したい場合、AB協議によって決定する旨の規定がありますが、無償で利用できると規定されているわけではないため、Aさんがライセンス料を支払わなければならない可能性があります。

さらには第5項の規定により、Bさんは作品を自由に利用できるだけではなく、Aさんの色彩ノウハウまで自由に使うことができます。当該規定は、Aさんの技術力が無償で利用されてしまう点でAさんに不利な内容です。

▶▶ある程度の内容はやむを得ないが……

もっとも実務上では、このような知的財産権を含む商品の制作を依頼する際の業務委託契約書においては、上記例文のように、成果物の知的財産権の帰属先を受託者（作成者）から委託者に移転する内容のものはよくあります。なぜなら、委託者の立場からすれば、納品された成果物を利用するのに受託者の知的財産権が足枷となっては、事業を行うのに困るからです。そのため、かかる条項が規定されているのも理解できますし、ある程度の内容はやむを得ないでしょう。

しかし、中にはその妥協範囲を超えて著しく不利な内容のものも見受けられますから（上記例文で言うと第2項及び第5項）、注意深く確認すべきです。

知的財産権に関する条項は、自己の知的財産の帰属先とその権利関係を左右する重要な条項です。チェックを怠れば、自己のビジネスが圧倒的に不利になる可能性があります。当該条項に関しては、注意深く確認し、自己に不利な規定になっているときは規定の修正交渉をするようにしてください。

❶知的財産とは、音楽、動画、写真、小説、発明、プログラム、デザイン、絵画等、法律よって保護される無体物財産のことをいう。

❷知的財産権に関する条項においては、規定の対象となる知的財産権は何か、対象となる知的財産権の帰属先は誰かを確認すべき。

❸対象の知的財産権に関しては、その利用権限（利用できる範囲、利用が無償か有償か、利用を許諾する範囲等）について確認すべき。

成果物の瑕疵についての条項

▶▶不良品についての責任の所在ははっきりさせておくべき

　業務委託契約の中には、例えば「アプリ開発」であったり、「グッズ開発」であったり、「ウェブページ開発」であったり、何か「モノ」を開発する業務も多いと思います。そして「モノ」を開発する上でどんなに注意を払っても生じるのが不良品です。不良品の発生は一定確率で起こるものですので、避けられません。

　ただし、不良品であることが事前に分かれば別ですが、分からないままそれが世に出ると大変です。その不良品により、委託者や消費者が損害を被るかもしれません。

　この場合、その損害の責任を取るのは開発受託者でしょうか、それとも開発委託者なのでしょうか。誰が責任を負うのか後々揉めないように、不良品についての責任の所在を明らかにしておかなければいけません。

▶▶不良品に関する対処条項は瑕疵担保責任条項が一般的

　開発した商品が不良品であった場合に、誰がどのような責任を負うのかを定めた条項で、一般的によく見かけるのが瑕疵担保責任条項です。ちなみに先ほどの「アプリ開発」「グッズ開発」「ウェブページ開発」においては、アプリやウェブページで言えばバグ、グッズで言えば破損や汚損が瑕疵と言えるでしょう。

　このような瑕疵担保責任条項は、改正前民法あるいは商法第526条を基に規定されているものが現状多数あるため、それらの条文に基づく瑕疵担保責任の定めを参考にしています[5]。

　ここでは、よく見る条項案を三つ紹介しますが、一つめと二つめは、いずれも「隠れた瑕疵があった（発見された）場合」に瑕疵担保責任が生じるというも

---

[5]　瑕疵担保責任については改正前民法では第570条に規定がありますが、改正民法では瑕疵担保責任に関して大幅に改正が行われました（改正民法562条、563条、566条等）。この改正では、瑕疵担保責任の法的効果として履行の追完（修補・代替物の引渡し・不足分の引渡し）請求や代金減額請求が追加されたり、「瑕疵」という文言が「契約の内容に適合しないもの」と変更されたりしました。

のです。

　ここで「隠れた瑕疵」とは何だという疑問がわきます。「隠れた瑕疵」という言葉を使っているのは、改正前民法第570条の瑕疵担保責任の規定で「隠れた瑕疵」という文言を使っているからだと考えられます。そして、「瑕疵」という言葉は、改正民法で「契約の内容に適合しないもの」と修正されましたので、「隠れた瑕疵」とは、「買主が取引上必要な普通の注意をしても発見できない契約の内容に適合しないもの」と解釈していただければいいです。

　なお改正民法に対応するよう修正したのが三つめの例文ですので、今後の参考にしてください。

第〇条（瑕疵担保責任）

1　本件商品について隠れた瑕疵があった場合、甲は乙に対して瑕疵の修正を請求することができ、乙は、当該瑕疵を無償で修正しなければならない。ただし、乙が納品した本件商品について、甲が当該商品を改変した後に当該瑕疵が判明した場合は、乙はかかる修正義務を負わない。

2　乙が前項の修正責任を負うのは、商品の納品後6ヶ月以内に甲から請求がなされた場合に限るものとする。

第〇条（瑕疵担保責任）

　甲は、本商品の提供後12ヶ月間以内に、本商品に隠れた瑕疵が発見された場合、本商品とその瑕疵についての調査を行い、当該の瑕疵が発見された本商品については引取り又は代品との交換、若しくは本商品と同内容の商品の提供又は本商品の修理・修繕等を実施する。

第〇条（担保責任）（改正民法に対応する条項例です）

1　本件商品がその種類、品質又は数量に関して本契約又は個別契約の内容に適合しない場合には、甲は乙に対して次の各号に定める権利のうち一つ又は複数の権利を選択し、行使することができる。

（1）　本件商品の無償による修正、代替物の引渡し、不足分の引渡し（以下「履

行の追完」という。）。なお、乙は甲の請求した方法と異なる方法による遅
行の追完を請求することができない。

(2) 契約不適合により甲が被った損害の賠償請求

(3) 本契約又は個別契約の解除

(4) 代金の減額請求

2 乙が前項の各号の責任を負うのは、商品の納品後6ヶ月以内に甲から前項各
号の請求がなされた場合に限るものとする。

瑕疵が見つかり瑕疵担保責任が発生した場合、どのような責任を負うでしょ
うか。

上記一つめの例文では「無償で修正」する責任を負い、二つめの例文では、
「引取り又は代品との交換、若しくは本商品と同内容の商品の提供又は本商品
の修理・修繕等」をする責任を負うこととしています。

様々な言い回しがありますが、簡単にまとめれば「瑕疵ある商品について瑕
疵がない状態にする」責任を負うという認識を持っていただければいいと思い
ます。そして、その方法については、商品の性質に応じて契約当事者間で交渉
すれば足りるでしょう。

なお、瑕疵担保責任に基づく修正は無償で行うことが通常ですが、有償か無
償で争いにならないよう、上記一つめの例文のように、無償でやるならば「無
償」と言及しておきましょう。

もっとも、「商品」について無期限で瑕疵担保責任が発生するのは、「商品開
発者」を半永久的に拘束するため妥当ではありません。そこで瑕疵担保責任条
項には瑕疵担保責任を負う期間が定められているのが通常で、上記例文にはい
ずれも期間の定めが書かれています。上記一つめの例文では「商品の納品後
6ヶ月以内」、二つめの例文では「本商品の提供後12ヶ月間以内」となっていま
す。

この期間の長さについては任意ですが、民法においては瑕疵担保責任の期間
は1年以内、商法第526条2項では6ヶ月以内と定められています。したがって
事業者間契約では、商法の定めに則り、6ヶ月を目安に設定することが多いで
す。

▶▶本来はない責任を取らされるパターンもあるため注意

　一般的な瑕疵担保責任条項の読み方や確認方法はご理解いただけたかと思います。しかし、実は瑕疵担保責任条項の確認はそれだけでは足りない場合があり、見落とすと落とし穴に嵌まります。

　では実際にあった条項例を見てみましょう。

第○条（瑕疵担保責任）

1　乙は本商品等について隠れた瑕疵が発見された場合には、瑕疵担保責任を負うものとする。

2　乙は、本商品等の品質上の問題又は欠陥により、甲又は第三者に何らかの損害が生じ、甲が当該第三者から責任を追及されたときは、甲及び第三者の被った一切の損害（甲が第三者に支払った賠償額、本製品の回収費用、弁護士費用を含むがこれに限らない。）について賠償し、すべて自己の責任と費用負担において問題を解決し、甲に一切の迷惑をかけないものとする。

　上記例文は、瑕疵担保責任を負う期間制限を除いて、多少の言い回しは異なりますが、先に紹介した一般的な瑕疵担保責任条項と変わりがないように思えます。しかし、実際は条項に見える部分と見えない部分において商品開発者（乙）に不利な条項となっています。

　まず、見える部分については、責任の範囲が広範であるということです。第2項において商品開発者（乙）は「甲又は第三者に何らかの損害が生じ、甲が当該第三者から責任を追及されたときは、甲及び第三者の被った一切の損害について賠償し、すべて自己の責任と費用負担において問題を解決し」なければなりません。通常瑕疵担保責任は契約当事者間における責任関係を規定するものですから、当該条項のように第三者の損害の責任まで直接負う定めになっているのは責任範囲が広い点において商品開発者（乙）に不利になります[*6]。

　次に、見えない部分についてです。実はこちらの方が商品開発者（乙）にとって不利なものになります。この条項が定められた実際の甲乙間の契約は「商品開発委託者（甲）が、ある商品の開発を商品開発者（乙）に委託する」という内

[*6]　もっとも商品の欠陥等で第三者に損害が生じた場合は、製造物責任法や不法行為等を根拠に甲又は乙が第三者に対する損害賠償責任を負うことになります。

容なのですが、商品の開発については商品開発委託者（甲）による細かな指示がされていたのです。つまり、この契約における商品の開発の実態は、商品開発委託者（甲）の指示に従い、商品開発者（乙）が商品開発委託者（甲）に代わって商品開発を行っていたということになります。それにもかかわらず、この瑕疵担保責任条項によって、商品の瑕疵の責任は全面的に商品開発者（乙）が取ることとされているのです。

このように、瑕疵担保責任条項自体は一般的なものと相違ないものでも、商品開発の経緯や方法によっては、不利な条項になる可能性があることに留意してください。

POINT

❶瑕疵担保責任条項は、「責任範囲」、「責任期間」の確認が重要。

❷瑕疵担保責任を負うとされている側は、商品開発の経緯や方法を確認して、不利な内容になっていないか注意するべきである。

❸瑕疵担保責任は、今後は改正民法又は商法に対応することが必須。

契約期間終了後も存続する条項

▶▶契約終了後も存続しないと不都合が発生するルールもある

契約を締結すると、当事者間において決めたルールは守らなければなりません。もっとも、ルールは契約のために定められたものでありますから、契約期間が満了して契約が終了すれば、ルールの定めも消滅します。

このように契約上のルールには、契約期間中のみ拘束されるのが原則です。

しかし、契約終了とともにすべての拘束力がなくなってしまうと不都合も発生します。例えば、紛争の解決に関する条項や、損害賠償責任について定めた条項は、紛争や損害賠償責任についてのトラブルが契約期間内に解決されることは少ない（基本的にそのようなトラブルが起きるから契約が終了する）ため、契約終了後も存続しないと、規定した効果があまり発揮されません。

そのため、契約書ではそのような不都合を解消するため存続条項という条項が定められることが多いです。

▶▶解釈の難しい書き方はトラブルになりやすいため単純明快に

では実際に存続条項の例を見てみましょう。

第○条（存続条項）

　本契約が期間満了、解除その他の事由により終了した場合であっても、第○条、第○条、……及び第○条の各規定は、なおその効力を有するものとする。

存続条項には上記のような一般的なものが主流です。

しかし、一部ではやや分かりにくい記載方法を取っていることもあります。そのような記載方法は契約書が2種類以上で相互に関連するもの（例えば基本契約書と個別契約書）であるときに見られます。そうしたケースでの条項例も見てみましょう。

> 第○条（存続条項）
>
> 本契約が終了又は解除された場合でも、本契約が終了又は解除前に既に成立した個別契約の効力及び当該個別契約に適用される本契約の効力は存続する。

　上記例文は基本契約書に規定された条項です。

　上記の契約においては基本契約と個別契約の効果が互いに影響し合っているため、個別契約が生きている限り基本契約の効力を存続させようとする意図は分かります。しかし、上記条項だとそもそも意味が分かりにくいですし、具体的にどの条項が存続するのか明確でなく、当事者間に齟齬が生じやすくなります。

　したがって、存続条項においては、このように分かりにくい内容が定められていた場合、先ほど紹介した一般的な条項を参考にして修正するようにしましょう。

▶▶ 存続条項に存続期間がない場合は半永久的に拘束される？

　存続条項が契約終了後も効力を有するとして、ではいったいいつまで効力を有するのでしょうか。もう一度先ほどの条項例を見てみましょう。

> 第○条（存続条項）
>
> 本契約が期間満了、解除その他の事由により終了した場合であっても、第○条、第○条、……及び第○条の各規定は、なおその効力を有するものとする。

　上記例文で掲げられた条項では、存続期間は定められていません。形式的には「半永久的に有効」ということになります。

　しかし、このように存続期間が定められていない場合、対象の条項によっては契約当事者にとって不利益となるものも存在します。例えば、秘密保持条項が挙げられます。なぜなら、秘密保持条項において秘密保持義務が半永久的に継続すると、秘密情報の保管に多大な負担がかかりますし、数年後には秘密とは言えない情報まで秘密情報として保管しなくてはならず、保管（義務の履行）に実質的意味がなくなるからです。

　そのため、このように存続期間を定めないと不利になる条項については、次

のように有効期間を定めるのがいいでしょう。

第〇条（契約期間）

　本契約の有効期限は令和〇年〇月〇日より1年間とする。ただし、第〇条、第
〇条、……及び第〇条については、本契約終了後〇年間は存続するものとする。

▶▶ 存続期間を定める場合は2～3年が目安

　では実際に存続期間を定める場合、何年が適切なのでしょうか。これは存続
条項によりまちまちではありますし、契約の性質によっても当然適切な期間は
異なります。

　例えば、次々と新しく生み出されるIT技術情報だったり、流動的なデータが
多いマーケティング調査情報だったりといった類の秘密情報の保持義務の場
合、それらの情報は情報の性質上、比較的に陳腐化が早いことを考慮すれば、
存続期間は2～3年で十分でしょう。

▶▶ 存続条項がなくても存続規定が存在する場合があるので注意

　存続条項がなくても、存続規定がないと思い込んでしまうと、後に契約違反
をしてしまう可能性があるため注意が必要です。存続条項が規定されていない
場合でも、規定ごとに存続規定が定められていることもありますのでよく確認
してください。

　では実際の条項例を見てみましょう。

第〇条（機密情報の保持）

1　甲及び乙は、相手方の書面による事前の承認なくして、本契約の実施にあ
　たって知り得た相手方の業務上、技術上、その他一切の秘密情報（個人を特
　定することができる個人情報を含む。）を公表若しくは第三者へ開示し、又
　は本契約で定められた業務以外の目的で使用してはならない。

2　本契約において「秘密情報」とは、甲及び乙がそれぞれ営業秘密として管理
　している情報で、相手方への開示にあたり秘密情報である旨を明示したも
　のをいうものとする。なお、口頭で開示された情報については、開示者が開

示後速やかに書面にて秘密情報である旨を相手方に通知した場合に限り秘密情報として扱うものとする。ただし、次に掲げる情報は、秘密情報に含まない。

(1) 甲又は乙が知り得た時点で、既に公になっていた情報

(2) 甲又は乙が知り得た後、相手方の責によらない事由により公になった情報

(3) 甲乙協議の上、機密保持の対象としないこととした情報

(4) 秘密保持義務を負うことなく第三者から正当に入手した情報

(5) 提供者から提供を受けた情報によらず、独自に開発した情報

(6) 本契約に違反することなく、かつ、受領の前後を問わず公知となった情報

3 第1項の規定にかかわらず、甲及び乙は、法令又は裁判所若しくは官公庁の判決、決定、命令、その他により開示を要求された情報については、当該要求に必要な範囲で必要な相手方に対してのみ、秘密情報を開示することができる。

4 本条の規定は、本契約が終了した後も2年間（個人情報は期間の定めなく）有効とする。

　上記条項は秘密保持及び個人情報保護に関して定めた規定です。一見すると一般的な条項に思えますし、長い規定ですので正直読み飛ばしたくなる気持ちも理解できます。しかしながら、読み飛ばすと最後の第4項にある存続条項を見逃してしまいます。

POINT

❶存続条項に存続期間の定めがない場合は、無制限に存続して不利益が生じる条項がないか確認すべき。

❷存続規定は各条項に含まれていることがあるため、見逃さないように注意すべき。

第三者に生じた損害についての条項

▶▶ ビジネスは当事者だけでなく第三者に損害を与えることもある

契約は、契約を締結した当事者間のみの約束であり、その拘束力は契約当事者にしか及びません。したがって、本来、契約当事者ではない第三者に生じた損害の賠償責任については、法律上の規定に基づき処理されます。

しかしながら、一般的にビジネスには契約当事者だけでなく、実に多くの人がかかわります。そのため、ビジネスが第三者に何らかの影響を与えるのは当たり前であり、その中には当然ビジネスの影響を受け、損害を被る第三者も出てきます。

そこで、契約において、あらかじめ想定できる第三者への影響を考慮し、いざ第三者に損害が生じたときの責任分担を契約当事者間で定めておこうというケースもあります。

▶▶ 責任分担の合理性に欠ける定めには注意

しかし、第三者の損害の賠償責任に関する規定の中には、とても合理的とは言えない定めもあるため、注意が必要です。このような合理性に欠ける定めは、契約当事者間のパワーバランスが異なる場合によく見られます。

では実際の条項例を見てみましょう。

第○条（損害賠償）

　乙は、本商品等の品質上の問題又は欠陥により、第三者に何らかの損害が生じたときは、第三者の被った一切の損害について賠償し、すべて自己の責任と費用負担において問題を解決し、甲に一切の迷惑をかけないものとする。

上記条項は、一見、製品等の開発業務を委託する類型の業務委託契約でよく見かける一般的な条項に見えます。

ここで、甲（委託者）が乙（受託者）に、ある商品の制作を依頼し、乙が商品を甲に納品する一般的な業務委託契約関係において、乙の制作過程に過失があ

り、消費者である第三者に損害が生じた場合、その責任を取るのは乙とするのは合理的です。

　しかしこの条項が規定されていた実際の契約では、商品の制作過程において随所で甲が指示や要望を出しており、商品自体が甲の指示が強く表れているものでした。このような場合において、第三者に生じ得る損害の原因が甲の指示部分である可能性を考慮すると、当該条項の内容はその合理性に疑問符が生じます。

　このように、商品制作過程で委託者の指示が多い場合には、一般的な内容が一転して不利な内容になる可能性があるため、契約書確認の際は、字面を追うだけでなく、その条項の内容が自分のビジネスにおいて不利が生じないものなのかを考えながら行うことが重要です。

── POINT ──

❶第三者に生じた損害における責任分担については、契約内容や業務内容全体を考慮して責任分担が合理的なものになっているか確認すべき。

第三者が負うべき損害賠償責任についての条項

▶▶ **損害賠償責任は損害発生の原因行為を行ったものが負うのが原則**

前項では「第三者に発生した損害の責任を、契約当事者の誰が負うか」というテーマでしたが、本項は「第三者が発生させた損害の賠償責任を誰が負うのか」というテーマです。

まず、損害賠償責任というのは、「損害」と「その損害の原因となった行為、行為者」を特定し、その行為者に当該行為を行う上で故意過失がある場合、その行為者が損害賠償責任を負うというのが原則です。

したがって、あるビジネスにおいて、契約当事者ではない第三者が故意過失の行為によって契約当事者に損害を生じさせた場合、その損害賠償責任は当該第三者が負うことになります。

しかし、契約の中には、第三者の行為によって契約当事者の一方が損害を被る場合に、第三者にではなくもう一方の契約当事者に損害賠償責任を転嫁させる内容を定めた条項があるのです。

▶▶ **損害賠償責任の転嫁は第三者の賠償能力が乏しい場合に起こりやすい**

このように賠償責任を転嫁させるような内容の条項が定められるのには、どのような理由があるのでしょうか。

では実際の条項例を見てみましょう。

第○条（乙の義務）

1 乙は、本契約における義務を遵守するほか、丙をして、本契約上の丙の義務を遵守させるものとし、丙が本契約上の義務に違反した場合には、当該違反に起因して甲に生じた損害につき、乙は、違反した丙と連帯して甲に対しその全額を賠償する責任を負うものとする。

2 乙は、前項のほか、甲の要請に応じて、丙について、必要かつ合理的な範囲で、教育及び管理を行うものとする。

> 3　乙が前項に定める丙に対する教育及び管理の義務を怠ったことに起因して甲に損害が生じた場合には、乙は、その全額を賠償する責任を負うものとする。

　上記例文は、甲乙間で締結された契約で、丙は当該契約上は第三者です。

　この例文における当事者の立場としては、甲が動画配信サイト運営会社、丙が動画配信者（個人事業主）、乙が甲丙間の仲介をするキャスティング会社となっています。動画配信者が動画配信サイト運営会社の運営する動画配信サイトで有料動画配信を行い、キャスティング会社は有力な動画配信者を見つけ、動画配信サイト運営会社の動画配信サイトで配信するようキャスティングするといったビジネス体系です[7]。

　本来であれば、配信者の行為により運営会社が損害を被った場合、運営会社は配信者に対して損害賠償責任を追及するのが一般的です。しかしながら、上記条項第1項により、運営会社はキャスティング会社に対して責任追及ができようになります。

　なぜこのような内容を定めたのか考えてみると、そこには賠償責任能力が関係していると思慮できます。簡単に言えば、「運営会社が損害賠償請求をするときに、キャスティング会社と配信者どちらに請求すれば賠償金を取れるか」を考えているということです。

　まず、損害賠償請求（任意交渉又は訴訟）を行うには、相手方を特定しなくてはなりません。特定するためには、氏名、住所等の個人情報が必要です。次に、相手方には賠償金を支払うだけの資金力が必要です。なぜなら、仮に裁判で請求を認められても、相手方に損害を賠償する資金力がなければ、実際に賠償金を回収することはできないからです[8]。

　そこで、今回の配信者について見てみましょう。配信者は動画配信を行う個人事業主です。このような動画配信事業者はペンネームで活動することも多く、本名を特定するのは簡単ではありません（本来このような状態は芳しくありませんが）。

　また、ネット上での活動ですので、住所の特定も簡単ではありません。そのため、いざ配信者に損害賠償請求をしようとしても、配信者を特定するのが難

＊7　厳密には、運営会社とキャスティング会社との間で配信者が遵守すべき事項を定めても、契約当事者ではない配信者がそれらを遵守する義務はありません（コラム参照）。

＊8　相手方に財産がない場合、強制執行をしても執行する財産そのものがないため奏功しません。

しい場合があるのです。

　また、動画配信事業者の多くは比較的若年層であり、バイト感覚でやっている者もいるため、ごく一部の事業者を除いては潤沢な資金があるとは言えません。

　一方、キャスティング会社はどうでしょうか。キャスティング会社は法人であり、登記を見れば住所も分かります。配信者に比べ、特定作業はとても簡単です。また、法人であることから、一般的に個人事業主より資金力があるだろうという想定も容易にできます。

　すなわち、今回の場合は損害賠償請求の相手方を配信者にするよりもキャスティング会社にする方が損害賠償請求に関して実益が大きいのです。

　このような理由により、運営会社は上記条項を定めたと考えられます。

▶COLUMN　第三者が遵守すべき事項についての定め

　運営会社とキャスティング会社との間の契約の事例で、条項例の第1項は契約で定められた配信者の遵守すべき事項について、配信者が違反し運営会社に損害が生じた場合はキャスティング会社がその責任を取るといった定めになっています。

　ここで、そもそも運営会社とキャスティング会社との間の契約に、配信者の遵守すべき事項が定められているこの自体に違和感を覚えることでしょう。なぜなら、運営会社とキャスティング会社との間で配信者が遵守すべき事項を定めても、契約当事者ではない配信者がそれらを遵守する義務はないからです（当該契約の拘束力が配信者には及ばない）。つまり、配信者に遵守させる事項を運営会社とキャスティング会社との間で定めても、実質に無意味です（もっとも、キャスティング会社が配信者を管理監督する地位であった場合等、キャスティング会社と配信者との間に別途契約関係がある場合は除きます）。もし、運営会社が配信者に当該事項を遵守させたければ、運営会社と配信者との間で別途それらの遵守義務を定めた契約を締結するしかありません。

　とはいえ、実際の契約では、配信者に遵守させる事項は、その事項に違反した場合、法律上も損害賠償責任を負うものがほとんどでした（実際の契約における遵守事項は、具体的には「運営会社の事業を妨害してはいけない」「運営会社を誹謗中傷し社会的評価を貶めるような行為はしてはいけない」等と

いった、一般的に不法行為（民法709条）に該当するような事項でした）。そうすると、配信者に遵守させる条項の存在にかかわらず、上記の責任転嫁条項の効果は発揮されるのです。

　すなわち、配信者が運営会社を誹謗中傷して、それによって運営会社が損害を被った場合、当然に配信者には損害賠償責任が生じるため、その責任を配信者ではなくキャスティング会社が取るというルールは、運営会社とキャスティング会社との間で定めさえすれば原則的に両当事者を拘束するのです。

▶▶ビジネスに第三者が密接にかかわる場合は注意

　損害賠償責任を転嫁する条項は、キャスティング会社にとって明らかに不利な条項ですから、発見した場合は削除を求めたいところです。

　もっとも、こうした条項がキャスティング会社に不利なものということぐらい、誰にだって分かることでしょう。しかしながら、当該条項が削除されないのは、うっかり見落としたか、運営会社の立場が強くキャスティング会社に交渉する力がなかったかの、いずれかだと考えられます。前者は問題外ですが、後者の場合なら対策する余地はあります。第1章でも言いましたが、このような不利益条項が修正交渉できなくても、気づいてさえいれば、当該不利益条項に対応する内容の条項を含む契約をキャスティング会社と配信者との間で別途締結して、リスクヘッジを図ることができるからです。

　したがって、ビジネスにおいて第三者（特に経済力に乏しい者）が密接に関係する場合は、損害賠償責任の転嫁条項が定められていないか、注意深く確認してください。

POINT

❶第三者の責任について規定されている条項に関しては、第三者の責任が自身に転嫁している内容かどうか注意して確認すべき。

❷第三者の責任が自身に転嫁されている場合は、修正交渉や対応策の実施に取り組むべき。

第6項　ノウハウや技術の独占についての条項

▶▶ 競業避止義務条項でノウハウや技術の独占を企む

ビジネスをする上で、契約当事者であるパートナーが有力な技術やノウハウを持っている場合、それらのノウハウを他の競業他社で使われたくないと思ったことが一度はあると思います。そのような場合、ノウハウが営業の秘密であるなら、秘密保持条項でノウハウの流出防止が図れるではないかと考えるかもしれません。

しかし、秘密保持条項は自身の営業の秘密の流出を防ぐことができるものであって、相手方の営業秘密を相手方に対して他の第三者に教えるなと要求するものではありませんから、秘密保持条項では上記の目的が達成されません。

そこで、ノウハウや技術を独占したい会社は、パートナーの技術やノウハウ等を自分たちのビジネスのためだけに使わせるようにするために、別途そのような内容の条項を定めようとします。このような条項を本書では競業避止条項と呼ぶことにします*9。

> ### ▶COLUMN　競業避止義務
>
> 　皆さんがよく耳にする「競業避止義務」とは、簡単に言えば、労働者が在職中や退職後に競合行為をしてはいけないというルールです。
>
> 　この点、労働者の在職中の競業行為は原則的に認められないことに異論はないのですが（労働者の場合は、信義則（労働契約法3条4項）が根拠となります）、退職後について競業避止義務を課すことについては、職業選択の自由を侵害する可能性もあるため、制限があります。
>
> 　労働者との間の競業避止義務については、経済産業省の「秘密情報の保護ハンドブック～企業価値向上に向けて～」（平成28年2月）の「参考資料5　競業避止義務契約の有効性について」が参考になります。

＊9　本書における「競業避止条項」と、皆さんがよく耳にする「競業避止義務」とは意味合いが異なることに注意してください（コラム参照）。

▶▶▶ 競業避止を求められる側にとっては不利である可能性が大きい

　では、上記のような独占を図るためにどのような条項が使われているのでしょうか。

　実際の条項例を見てみましょう。B社（甲）の属するIT業界において非常に専門性の高いAIプログラム技術を持っている、エンジニアのAさん（乙）のケースです。

　上記例文は、乙は本件業務に関しては甲との間においてのみすることができると定めたものです。

　B社は、Aさんの高度な技術を競合他社に使わせたくないことから、この条項を定めました。確かにB社からすれば、Aさんの技術を独占できれば、競合他社とのビジネス競争で優位に立つことができる点で、かなりのメリットです。

　しかし一方で、そのような技術はB社以外の競合他社からも引く手あまたです。Aさんにとっては、この条項がない方が複数会社と契約ができる分、利益も上がります。そのため、この条項による制限は、Aさんにとっては不利になります。

　したがって、Aさんにとっては、この条項については修正交渉する重要性が大きいです。

　もっとも、独占契約をする分、相当額の報酬が支払われ、競合他社との契約が結べないことについてAさんが納得していれば、何ら問題はありません。

▶▶▶契約終了後まで仕事を制限される可能性もある

また、併せて次のような条項が使われることもあります。

第○条（競業避止義務）

　乙は、本契約の有効期間中並びに本契約終了後1年間は甲の事前の承諾なく本契約と同内容の契約を甲以外の同業他社との間で直接締結しないものとする。

これは、契約終了後も1年間競合他社との契約ができないという定めです。

もし当該契約に関して発揮されたAさんの技術やノウハウが、競合他社以外の第三者に対しても応用でき、自身の営業活動に支障が生じなければ、1年間競業避止義務を課されてもさほどダメージはないでしょう。

しかし、Aさんの技術やノウハウが、B社の属するIT業界でのみ発揮されるものであった場合は、Aさんは（B社との契約を継続しない限り）1年間利益を上げることができず、大きな不利益を被ります。この場合においては、甲社からの報酬が契約終了後1年間の営業ができないことを考慮した金額になっていない限り、条項の修正を求めるべきです。

このように、競業避止条項は、B社の立場であればメリットですが、Aさんの立場である場合、デメリットを回避できたとしても、メリットがあるとまで言えません。したがって、自身がAさんの立場である場合は、当該競業避止条項が定められていないかよく確認し、当該競業避止条項を発見した際は、自身に本当に不利益がないか、よく考えてください。

POINT

❶ ある特定の会社に事業活動を制限されないよう、競業避止条項があるか確認すべき。

❷ 競業避止条項があった場合、競業避止義務が報酬に反映されているか、競業避止義務の期間はどの程度かなど、自己の事業活動に不利益が生じないかを確認すべき。

第7項　引き抜きを防止するための条項

▶▶引き抜きはどの業界でも起こり得る

　本項では、前項とは逆に、優秀な人材を確保したい会社の立場から、優秀な人材と契約する際に確認すべき条項について紹介します。

　唯一無二の技術力を持つエンジニアや、圧倒的分析力を持つコンサルタントといった優秀な人材は、どの業界においても重宝されます。そのため、それらの優秀な人材については、多方面からオファーが絶えず、独占契約を結ばない限り、すぐ引き抜かれてしまいます。

　これは仕方のないことですので、優秀な人材を自社のビジネスパートナーとして引き留めておきたければ、その人と強固な信頼関係を構築したり、報酬を引き上げたり、その人が自社とビジネスパートナーを継続させたいと思う程度の自社独自の武器を持ったりと、様々な工夫をしなくてはなりません。

▶▶引き抜きを完全に防ぐことはできない

　引き抜きを防止する手段はいくつもありますが、ここでは、引き抜きを防止する手段の一つとしての「契約」についてフォーカスします。

　前項で競業避止条項について説明しましたが、競業避止条項はその内容を考えれば独占契約を結ぶようなものです。ですから契約の中に競業避止条項を定めるのも有効手段ではあります。ほかには、「独占業務委託契約」といった表題でストレートに契約の趣旨を表現するのも有効でしょう。

　しかし、契約の中にどのような条項を定めたとしても、完全に引き抜きを防止することはできません。

　例えば、次のような条項を見てみましょう。

第○条（中途解約）

1 乙は、いかなる理由があっても契約期間が満了するまで、本契約を中途解約
することができない。

2 乙は、本契約期間中はいかなる理由があっても第三者と本契約と同一又は
類似の契約を締結してはならない。

　上記例文は実際の条項ではありませんが、第1条で契約期間を拘束し、第2項
で第三者との契約を禁止しており、契約期間中の引き抜きを防止しています。
この条項があった場合に、実際に相手が契約するかという点はいったん置いて
おいて、引き抜き防止という点においては万全を期しているように思えます。
　しかし、実際はこのような条項を定めたとしても、引き抜き自体を止めるこ
とはできません。なぜなら、当該条項は甲乙間を拘束するのみで、乙と第三者
との契約を拘束するものではないからです。言い換えれば、乙が第三者に引き
抜かれて、乙と第三者間で契約を締結した場合、その契約自体はこの条項が
あったとしても有効であり、乙が甲との契約（当該条項）に違反したにすぎな
いのです。
　このように、いくら引き抜きを防止する条項を定めたとしても、引き抜き自
体を無効にすることはできず、契約違反に対するペナルティを課すことしかで
きません。

▶▶ペナルティを明確にして間接的に拘束する
　そうなると、引き抜きに関しては、直接的に引き抜きを防止する条項を定め
るよりも、引き抜きに応じると損をするような条項を定めて、間接的に拘束す
る方が有効な手段と言えます。
　では実際に条項例を見てみましょう。

第○条（中途解約）

1　乙は、いかなる理由があっても契約期間が満了するまで、本契約を中途解約
　　することができない。

2　乙は、本契約期間中はいかなる理由があっても第三者と本契約と同一又は
　　類似の契約を締結してはならない。

3　乙が前項に違反した場合、乙は甲に対し、違約金として○○万円を支払わな
　　くてはならない。

　上記例文は、先ほどの引き抜き防止条項に、引き抜きされた際の甲の損害を
最小限にとどめるためと同時に、乙の引き抜きを間接的に防止するために、違
約金条項を加えたものです。このような条項が現実的かは別にして、先ほどの
条項よりも引き抜きのペナルティが明確になっている分、乙の引き抜きへの意
欲は減退すると考えられます。

▶▶引き抜き自体については半ば諦めて考える方法もある

　また、次のようなパターンも考えられます。

第○条（中途解約）

　乙は、本契約期間中であっても、甲に対して○か月前までに書面によって通
知することにより、本契約を解約することができる。ただし、当該解約に際し
て乙は甲に対して、○○万円を違約金として支払う。

　こちらは、引き抜きを防止するというよりは、引き抜き自体については半ば
諦めた上で、乙を独占してビジネスをした場合に見込めた利益の一種の担保と
して違約金を設定する目的が強いものになります。
　ただし、この条項自体には引き抜きを防止する効果はまったくありません
が、例えば、他の条項で、第三者と契約を締結する場合は、本契約の解約を条件
とするような独占契約の旨のものを定めておけば、この条項にも引き抜きを間
接的に防止する効果が生じます。

▶▶ 違約金を確実に回収できるような工夫もある

さらに、もう1パターン紹介しましょう。

第○条（中途解約）

　乙が、甲以外のプロダクション等に所属し、プロダクション等の所属として、あるいは乙単独でライブ配信活動を行うときは、乙又は乙の代理人が、本契約の有効期間から甲が合理的に算出した、甲が被る損害額に相当する違約金を甲に支払うことで、本契約に基づく甲と乙の契約関係を解約するものとする。

　上記例文は、一般的な違約金を含んだ中途解約条項を修正し、引き抜きの防止を意識した、又は乙に意識させた内容にしています。実質的な効果は、先ほどの条項と変わりありませんが、資金力を考慮し、違約金を支払う者が引き抜いた第三者（主に法人）でもいいとしている点で、違約金を確実に回収できるよう工夫がされています。

　このように、引き抜きに関しては、引き抜き自体は避けられないことを前提に、自社がどうしたら引き抜きの悪影響を受けないかを工夫して、条項内容を定めるといいでしょう。

― POINT ―

❶契約で引き抜きを完全に防ぐことはできないため、優秀な人材に自社にとどまってもらえるような契約内容であるか確認すべき。

第6章

データを利用する
ビジネスに必要な条項

　近年、データ提供やデータ利用に関する新しいビジネスが増え
てきました。こうしたビジネスの契約書においては、従来からある
契約類型が通用しない部分があります。そこで本章では、このよ
うなビジネスの契約について特有のポイントを説明します。

データを利用する契約の基礎知識

▶▶ データ契約が増加傾向

近年のAIやIoT技術の発展により、データにこれまで想像もできなかったような価値が生まれています。このような世の中の流れに伴い、「集積したデータを貸与・譲渡するビジネス」や「集積データの分析、加工により新たに創出したデータを利用するビジネス」等、データ利用ビジネスが日々増加傾向にあります。例えば、難病患者から集めた生活データや投薬データ、それに伴う効果や意見といった生のデータを集積分析して得たデータを、医療機関や製薬会社に対して提供し、治療診断の向上や新製品の開発に寄与する画期的なビジネスがスタートしています。

当然このようなデータ提供やデータ利用に関するビジネスにおいても契約が必須です。しかし急速に成長している発展途上の分野であるがゆえに、他の従来からある契約類型（業務委託契約等）とは異なり、標準的な雛型モデルが確立されていない現状があります。そのため、当該ビジネスに関する契約は、リスク対策が不十分であったり、契約締結後に疑義が生じる場合が多かったりと、不十分な契約になりがちです。

そこで本項では、このような現状を踏まえて、できる限り不備のない契約を締結するためのポイントを説明します*1。

▶▶ 民法上は所有権や占有権を主張できないから契約書が必要

まず初めに、データが法的にどのように位置付けられているかを知らなければ、契約でデータの取り扱いについて規定することはできません。なぜなら、例えば「〇〇データの所有権は△△に帰属する」と契約で定めたとしても、そもそもデータに法律上の所有権が認められなければ、かかる規定は意味がないからです。すると結局、データを所有（所有権の「所有」とは異なり、単にデータの利用権限を有する意味での「所有」）する者が誰であるか規定されていない

---

*1　本項は「AI・データの利用に関する契約ガイドライン　平成30年6月経済産業省」(https://www.meti.go.jp/press/2018/06/20180615001/20180615001-1.pdf)（以下、「本ガイドライン」と言います）を参考にしています。

ことになり、それが原因で揉め事に発展してしまうこともあり得ます。

そこでデータの法的性質を整理してみましょう。

データは、土地や建物のように物体として現実に存在するものではないため、民法上、土地や建物といった「有体物」[*2]に対して「無体物」（ほかにはノウハウやアイデア、著作権等）に分類されます。所有権や占有権といった民法上の権利の対象は有体物に限られるため、無体物であるデータについて所有権や占有権を主張することはできません。

したがって、データに係わる権利を保護するためには、原則的にビジネス当事者間での契約で保護規定を定める必要があります。

▶▶▶民法以外の法律で保護されるデータもあるが……

もっとも、データの性質によっては、民法以外の法律によって保護が図られているものもあります。例えば、著作権法、特許法、不正競争防止法等が挙げられます。ただし、いずれの法律によってもデータ全般が保護されるというわけではなく、法律によって保護対象のデータは限定されています。

①著作権法

著作権法の場合、保護対象となる著作物は、「思想又は感情を創作的に表現したものであって、文芸、学術、美術又は音楽の範囲に属するもの」とされています（著作権法第2条1項1号）。

ここで、例えば「自動的に集積される位置情報データ」といったデータは、自動的かつ機械的なデータの集合体であるため、思想又は感情を創作的に表現したものにあたりません。そのためこれらは著作物とは認められず保護の対象にはなりません。

他方、花が好きな人が趣味で全国各地の花畑を回り、それぞれ写真に収め、花の種類に応じて分類した画像データについては、その人独自の感性や選択が集積データに表現されていると考えることができるため、著作物として保護される可能性があります[*3]。

---

*2　民法第85条参照。

*3　このほか、データベースで、その情報の選択や体系的な構成によって創作性が認められるものに関しては、データベースの著作物として保護対象になります（著作権法第12条の2第1項）。

②特許法

特許法の場合、保護対象となるのは発明ですが、発明は「自然法則を利用した技術的思想の創作のうち高度のものをいう」（特許法第2条1項）ので、単なるデータの集合体では発明には該当せず、保護されるのは難しいでしょう。

他方、データが高度なプログラムであった場合は、特許法により保護されることがあります（特許法第2条4項参照）。

③不正競争防止法

不正競争防止法の場合、保護対象となるのは、いわゆる営業秘密に関するデータ（ノウハウ等）です。もっとも、かかるデータが同法で保護されるためには、「秘密管理性」「有用性」「非公知性」[4]の要件を満たす必要があります[5]。

このように、法律によって保護されるデータがかなり限定されている以上、自己のビジネスでデータを活用する場合は、契約によってかかるデータの保護を図ってください。

▶▶▶データ契約の主な類型は3種類

さて、データの利用に関する契約には、大きく分けて3種類に分けられます。

①データ提供型契約

データ提供型契約は、取引対象となるデータについて一方当事者のみが保持、すなわち適法なアクセス権限を有しており、もう一方当事者に対して有料で提供する（データ利用権限、アクセス権限を付与する等）際に、各種条件を定める契約のことをいいます。

例えば、冒頭の例のように、医療データを医療機関や製薬会社に提供する際に締結する契約です。

----

* 4 　秘密管理性とは、営業秘密保有企業の秘密管理意思が秘密管理措置によって従業員等に対して明確に示され、当該秘密管理意思に対する従業員等の認識可能性が確保されていることをいいます。有用性とは、当該情報自体が客観的に事業活動に利用されていたり、利用されていたりすることによって、経費節約、経営効率の改善等に役立つことをいいます。非公知性とは、保有者の管理下以外では一般に入手できないことをいいます。（経済産業省ホームページ参照　https://www.meti.go.jp/policy/economy/chizai/chiteki/pdf/handbook/full.pdf）
* 5 　また、ID・パスワード等の管理を施した上で提供されるデータの不正取得・使用等を新たに「不正競争」行為に位置付け、これに対する差止請求等の救済措置を設けた不正競争防止法の一部改正法が平成30年5月に成立しました。

②データ創出型契約

　データ創出型契約は、契約（複数）当事者間が相互に関与することにより、新たなデータが創出された際に、創出データの利用権限について各種条件を定める契約のことをいいます。

　例えば、陸上競技チームとシューズメーカーが協力して様々な形状のシューズの耐久性や推進性のデータを創出取得し、それを新商品の開発や選手の能力発揮のために利用するといった際に締結する契約です。

③データ共有型（プラットフォーム型）契約

　データ共有型（プラットフォーム型）契約は、多種多様の事業者又は個人がデータをプラットフォームに提供し、プラットフォーム事業者が当該データを集約・保管、加工、分析し、複数の事業者がプラットフォームを通じて当該データを共用又は活用する際の各種条件を定める契約が代表的です。

　プラットフォーム事業者として確固たる地位を築いているのがGAFA4社[6]です。

　次項以降では、皆さんが今後関与する確率の高い、データ提供型契約とデータ創出型契約に関する契約書のチェックポイントを紹介していきたいと思います。

―― POINT ――
❶データの法的性質上、データの保護は契約によってするのが適切である。
❷データ契約は3類型に分けることができる。

---

* 6　Google・Apple・Facebook・Amazonを総称する造語です。

第2項 「データ提供型契約」の契約書の チェックポイント

▶▶ 保有データを他社に提供する際の契約

それでは、データ提供型契約における契約書のチェックポイントを、具体的に例を挙げて説明していきましょう。

データ提供型契約というのは、データを保有する会社が、そのデータを利用したい会社に、当該データを提供するという契約でした。

ここでは、「難病患者の症状回復に効果のある薬」やその他「症状回復に適した環境や食事」の集積及び解析データを保持しているA社が、医療機関であるB社に、当該解析データを提供する際に締結する契約を例にします。

「データの提供側がA社、データの受領側がB社」という点を押さえておけば、他のケースでも同様に考えればいいので、参考にしてください。

▶▶ 明確な定義が記載されているか？

まずは、各語句の明確な定義を定められているか確認する必要があります。なぜなら、一概に提供データといっても、データそのものが無体物である以上、互いの認識に齟齬が生じる可能性があるからです。このような齟齬が後にトラブルの原因になるのです。

では、条項例を見てみましょう。ここではA社を甲、B社を乙とします（以下同じ）。

第○条（定義）

　本契約において、次に掲げる語は次の定義による。
①「提供データ」とは、本契約に基づき、甲が乙に対し提供する、甲が利用権限を有するデータであって、別紙に詳細を定めるものをいう。ただし、提供データには、個人情報の保護に関する法律に定める個人情報は含まない。
②「本目的」とは、乙が、……することをいう。
③「派生データ」とは、乙が、提供データを加工、分析、編集、統合等することによって新たに生じたデータをいう。

ここでは、「提供データ」と「派生データ」という2種類のデータが定義されているところに注目してください。

・提供データ

　A社が保有し、B社に提供するデータのことです（例えば「効果のある薬の品名や分量用法のデータ」「症状回復に適した環境や食事のデータ」など）。

　提供データは契約の根幹になるため、できる限り明確に定めてください。別紙等で詳細に定めてもいいでしょう。

・派生データ

　提供データを利用すれば、それに伴い新しいデータが創出される可能性があります。例えば、B社が、A社から提供されたデータを元にして、薬と食事療法の関連性やその相乗効果を調べ、「症状回復効果を最大限引き出す薬と食事の関連性」のデータを発見したとします。これがいわゆる「派生データ」になります。

　このような派生データは、契約時点ではどのようなデータが生じるか予想できないため、解釈に幅を持たせた概念の定義を定めるといいでしょう。

▶▶▶データの提供方法が明確になっているか？

　次に、提供データをどのように提供するかを確認しましょう。

第○条（提供データの利用許諾）

1　甲は、乙に対して、提供データを本契約の有効期間中、本目的の範囲内でのみ利用することを許諾する。

2　乙は、本契約で明示的に規定されるものを除き、提供データについて開示、内容の訂正、追加又は削除、利用の停止、消去及び提供の停止を行うことのできる権限を有しない。

　提供手段としては、概ね①譲渡、②ライセンス（利用許諾）、③共同利用の3種類挙げられ、条項例は②の手段で定めたものです。

①譲渡

　譲渡とは、データが無体物であることから、一般的にデータの利用をコントロールできる地位を含む当該データの一切の権限を譲受人に移転させ、譲渡人は当該データに関する一切の権限を失う趣旨であると考えられています。

　つまり譲渡の場合、A社はせっかく有益な解析データを保持していたのに、譲渡によりその利用権限を完全にB社に渡してしまうことになってしまいます。

②ライセンス

　ライセンスも、データの利用権限を一定の範囲で与えますが、提供者は提供データに関する利用権限を失うものではありません。言わばデータのレンタルです。

　このような利用許諾の場合、どの範囲でどのような利用方法が許されるのかが不明確になりやすいため、上記第1項、第2項のように利用許諾の範囲や利用権限を明確に定められているか確認する必要があります。

　また、A社がB社以外にもデータを提供したいならば、B社への利用許諾を非独占的なものにする規定を定める必要があります。

③共同利用手段

　相互にデータを提供する契約の場合には、共同利用手段による規定を定めるといいでしょう。

▶▶ 派生データの取り扱いについて定められているか？

　派生データは、B社だけでなくA社にとっても有益なデータになります。A社としては「自社の提供データがなければ派生データの取得はあり得ない」との考えから、派生データの取得を主張するでしょう。一方、B社としては、自社が独自で分析したのだから、B社の取得を主張するでしょう。

　そこで、派生データについては、その取り扱いを定める必要がありますし、両社にとって重要な事項ですから当該条項の確認を怠ってはいけません。

第○条（派生データの取り扱い）

1　派生データに関して、乙がその利用権限を有し、乙は、甲に対して、○○の範囲において派生データを無償で利用することを許諾する。

2　提供データの乙の利用に基づき生じた発明、考案、創作及び営業秘密等に関する知的財産権は、乙に帰属する。ただし、乙は、甲に対し、当該知的財産権について無償の実施許諾をする。

　派生データの取り扱いについては、具体的には「派生データの取得者（保持者）」「利用権限の範囲」「利用金額」「派生データに基づく知的財産権等の帰属者」等がどう規定されているかを確認しなくてはなりません。

　上記例文では、派生データの保持者はB社となっていますが、A社は当該データを無償で利用する権限を有する定めになっています。また、派生データに基づく知的財産権等はB社に帰属し、A社は無償で当該権利を利用することができる定めになっています。

▶▶提供データの品質保証はされているか？

　提供データが間違ったものや不正確なものであった場合は、データを利用しても、いい成果を挙げることはできません。そのため、B社としてはA社のデータが本当に価値があるものなのか、その品質の良し悪しは気になるところです。

　また、当該データが正確なデータなのか、第三者の保持しているデータを盗用したものではないかといった点についても、不安がないわけではありません。例えばA社が「実地調査で得たデータ」と言っていたのに、実際はネットの掲示板を見てデータ化したものだとしたら、たまったもんじゃありません。

　そこでB社としては、そのような提供データの品質についてA社がどこまで保証し、また、責任を負っているかを確認する必要があります。

　一方で、A社としては、提供データの正確性や安全性、第三者の知的財産権の非侵害性等についてどの範囲で責任を負うのかを契約で明記しておかなければ、後に責任追及されかねません。

　したがって、契約において、提供データ品質についての規定を確認する必要があります。

第○条 (提供データの非保証)

1 甲は、提供データが、適法かつ適切な方法によって取得されたものであることを表明し、保証する。

2 甲は、提供データの正確性、完全性、安全性、有効性 (本目的への適合性)、提供データが第三者の知的財産権その他の権利を侵害しないことを保証しない。

　上記例文では、A社は提供データについて適法性については保証していますが、正確性、完全性、安全性、有効性、第三者の知的財産権その他の権利の非侵害性については保証していません。したがって、提供データの正確性に問題があっても、B社としてはA社に対して責任を追及できないことになってしまいます。

　なお、データ提供者が提供データの品質について一切保証しない旨の規定を定めた場合、その規定は原則としては有効ですが、データ提供者の故意や重大な過失により提供データの品質に問題があった場合には、例外的に当該問題について責任を負う場合があると考えられるので、注意してください[7]。先ほどのように、データのソースがネットの掲示板であった場合は、データの品質に重要な欠陥があると言えるので、責任を免れることはできないでしょう。

▶▶ 提供データ利用に基づく損害が発生したらどう対処するか？

　B社としては、提供データを利用した際に、第三者 (例えば情報を提供してくれた難病患者やその家族) から、当該データに関する事項についてクレーム (個人情報が洩れているといったもの) や法的請求 (プライバシーの侵害の基づく損害賠償請求) に見舞われる可能性があります。

　そこで、このような第三者との紛争について誰が (A社、B社、又は両社) 責任を負うのかを定めた条項を確認する必要があります。

＊7　民法572条が類推適用される考えがあります。

第○条（責任制限）

1　（省略）

2　乙は、提供データの利用に起因又は関連して第三者との間で紛争、クレーム又は請求（以下「紛争等」という）が生じた場合には、直ちに甲に対して書面により通知するものとし、かつ、自己の責任及び費用負担において、当該紛争等を解決する。甲は、当該紛争等に合理的な範囲で協力するものとする。

3　乙は、前項に定める紛争等に起因又は関連して甲が損害、損失又は費用（合理的な弁護士費用を含み、以下「損害等」という）を被った場合（ただし、当該紛争等が甲の帰責事由に基づく場合を除く）、甲に対して、当該損害等を補償する。

　上記例文では、第三者との紛争の対応・責任はB社が負うことになっており、A社はあくまで紛争解決の協力義務が課せられているにすぎません。

▶▶▶個人情報への配慮はされているか？

　提供データの中には個人情報を含んだデータもあることでしょう。個人情報を含むデータの場合には、個人情報保護法や、「個人情報の保護に関する法律についてのガイドライン」[8]といった法令やガイドラインを遵守しなくてはなりません。

　そこで、このような場合には法令遵守を保証する規定が定められているか確認する必要があります。

＊8　個人情報保護委員会ホームページに掲載されています。

第〇条（個人情報）

1 甲は、本目的の遂行に際して、個人情報の保護に関する法律（以下「個人情報保護法」という）に定める個人情報又は匿名加工情報（以下「個人情報等」という）を含んだ提供データを乙に提供する場合には、事前にその旨を明示する。

2 本目的の遂行に際して、甲が個人情報等を含んだ提供データを乙に提供する場合には、その生成、取得及び提供等について、個人情報保護法に定められている手続を履践していることを保証するものとする。

3 乙は、第1項に従って提供データが提供される場合には、個人情報保護法を遵守し、個人情報等の管理に必要な措置を講ずるものとする。

　上記例文では、提供データの取り扱いに関して、甲乙ともに法令を遵守する確認がなされています。

POINT

❶データ提供契約においては、データの定義、データの提供方法、派生データの取り扱い方法等をできるだけ明確に定めることが望ましい。

❷データ提供に伴い生じ得る責任について事前に予測し、その対応に関する条項を盛り込むのが望ましい。

「データ創出型契約」の契約書の チェックポイント

▶▶共同調査などで新たなデータを生み出す際の契約

今度は、データ創出型契約における契約書のチェックポイントを、具体的に例を挙げて説明していきましょう。

データ提供型契約というのは、複数の会社が共同で調査・解析などを行って新たなデータを生み出すという契約でした。

ここでは、シューズメーカーA社と、陸上実業団を保有するB社が、ランニングシューズの性能向上と新製品の開発のために、B社所属の選手の走行データや筋力データ、負荷データ等の集積と分析を協力して行う、というケースで考えてみます。

なお、データ創出型契約のチェックポイントは、先のデータ提供型契約のそれと重複するところもあるため、ここではデータ創出型契約に特化したポイントのみを紹介します。

▶▶創出データが特定又は想定されているか？

まず初めに、契約の目的である創出データがどのようなデータであるのか特定されていなければなりません。

先ほどの提供データとは異なり、創出データは契約締結時には存在しないものであるため、その詳細な特定は非常に難しいです。しかしながら、創出の対象となるデータの予想はあらかじめできていますから、できる限り特定する必要があります。

本契約において、次に掲げる用語は次の定義による。
①「本件事業」とは、甲及び乙の間で行われる……をいう。
②「対象データ」とは、本件事業に基づいて、創出、取得又は収集されたデータをいい、そのサンプルは別紙の通りとする。
③「加工等」とは、対象データを、加工、分析、編集、統合等することをいい、「派生データ」とは、そのような「加工等」がなされたデータをいう。

今回の例で言えば、創出させる対象データは「選手の走行データ、筋力データ、負荷データ」ですから、このようなデータのサンプルを対象データとして別紙にまとめ一覧表を作成しておくと、当事者間で対象データに齟齬が生じにくくなります。

▶▶ 創出データの利用権限はどのように定められているか？

今回の例では、例えば走行データについてはA社が「どれだけの距離を走ったら、どの程度シューズが摩耗するか」といった分析に利用するため、利用権限はA社にあるように設定したいでしょう。

他方、負荷データについては、「シューズのどこに負荷がかかっているか」を分析するための素材データですが、これらのデータはB社の選手にとっても有益なデータとなり得ます。なぜなら、どこに負荷がかかっているかにより、自分の走りの癖や欠点を調べることができ、フォームの改善に役立つ可能性があるからです。したがって、負荷データについては、A社B社両社に利用権限を持たせるよう設定するのが望ましいでしょう。

創出されたデータは契約当事者相互の協力によるものですから、データ提供型契約とは異なり、それぞれ創出されたデータごとに利用権限を決めておく必要があります。

第○条（データの利用権限）

1　対象データに対する利用権限の内容は、別紙一覧表において対象データの種類ごとにそれぞれ定める。

2　対象データのうち、別紙一覧表に定めがないものについては、当該対象データの利用、開示、譲渡（利用許諾を含む）及び処分を含む当該対象データに係る一切の利用権限は、甲が有する。

3　甲及び乙は、前項及び別紙一覧表により、各当事者に認められた利用権限の範囲を超えて、対象データを利用、開示、譲渡（利用許諾を含む）及び処分をすることはできない。

　なお、上記例文では、対象データ（走行データや負荷データ）は利用権限について協議により決定していると言えますが、対象データ以外のデータ（例えば気温差によるシューズの質の変化データ）といったものの利用権限は甲（A社）が有することになっています。乙（B社）としては、対象データ以外のデータが創出された場合にはその都度、利用権限について協議するといった、一方的ではない条項の設定交渉をするべきでしょう。

▶▶対象データ範囲を途中で変更できる定めになっているか？

　さて、このように協力してデータ創出をしていると、当初は想定していなかったデータが創出されることもあります。例えば、新たに路面傾斜によりシューズの摩耗量に顕著な特徴が表れたデータが創出された場合などです。

　そうしたとき、当該データについての利用権限について何ら定めがないままですと、利用権限についてなかなか合意ができず、当該データが利用しにくくなるため、お互いにとって不都合が生じます。

　そこで、予期せぬ創出データに柔軟に対応できるような条項があるか確認する必要があります。

第○条（対象データの範囲変更）

1　甲及び乙は、本契約締結時にはその創出、取得又は収集を想定し得なかった新たなデータを創出、取得又は収集することができることを知り、そのデータの利活用を求めるときは、相手方に対してその旨通知し、対象データの範囲を変更することを求めることができる。

2　甲及び乙は、前項により通知を受けたときは、甲及び乙の間で対象データの範囲の変更が必要であるか否かを別途協議の上、必要があると決定したときは甲及び乙が合意した手続に従って、対象データの範囲の変更及び当該対象データに対する利用権限の配分を決定する。

　上記条項が定められていると、新たにデータが創出された場合に、当該データを対象データに組み込み、契約上の主力データとすることで利用権限を協議に設定し直すこともできるようになります。

POINT

❶創出データについては対象となるデータの定義（範囲）や利用権限をできる限り明確にするのが望ましい。

❷想定外のデータが創出される場合に備えて、柔軟に対応できるような条項を規定しておくのが望ましい。

各種契約書の雛型

本文では紹介しきれなかったいくつかの契約書について、雛型を紹介しておきます。参考にしてください。

秘密保持契約書（NDA）

秘密保持に関しては第4章第2項で解説しましたが、契約書の一条項に収まらず、秘密保持契約書として別途作成されることもあります（ビジネスにおいてはNDAと言います）。参考までにNDAの雛型の一例を紹介します。

秘密保持契約書

　株式会社○○○○（以下「甲」という）と株式会社△△△△（以下「乙」という）とは、情報の秘密保持について次の通り契約（以下「本契約」という）を締結する。

第1条（目的）

1　本契約は、目的業務のため甲乙間で相互に情報を開示するにあたり、甲乙が相手方に開示する秘密情報に関する取り扱いを定めることを目的とする。

2　本契約は、秘密情報にかかわる発明・考案・創作・商標・ノウハウ等の実施権又は著作物等の利用権の譲渡又は許可を定めるものではない。

第2条（秘密情報）

1　本契約における「秘密情報」とは、秘密対象事項に関する技術情報、ノウハウ、営業に関する情報のほか、契約書、図面、仕様書、資料、材料、形、設備、見積もり依頼、口頭の説明その他により知り得た相手方の技術上及び営業上の情報で、かつ、秘密である旨の表示（書面・口頭）のあるものをいう。

2　甲又は乙が、開示された情報が以下各号のいずれかに該当することを証明し得る場合、当該情報は本条第1項の「秘密情報」に該当しない。

(1)　既に公知又は公用の情報

(2)　開示後、当事者の責めによらず公知又は公用となった情報

(3)　開示を受けたときに既に知得していた情報

(4)　開示を受けた後、正当な権限を有する第三者より守秘義務を負うことなしに入手した情報

(5)　法令により開示することが義務付けられた情報

(6)　開示を受けた情報によらず独自に開発した情報

第3条（秘密保持）

1　相手方から開示された秘密情報を取り扱い得る者（以下「業務参画者」という）は、甲又は乙の役員及び従業員のうち目的業務のため秘密情報を知る必要がある者に限定される。

2　業務参画者は、秘密情報を極秘として扱い、相手方の事前の書面による承諾のある場合を除き秘密情報を第三者に開示・漏洩してはならない。

3　業務参画者は、相手方の事前の書面による承諾ある場合を除き、秘密情報を複製・改変してはならない。

4　自社の業務参画者が本条第2項及び第3項に違反した場合は、甲又は乙は違反者と連帯してその責を負う。

第4条（目的外使用の禁止）

　甲及び乙は、秘密情報を相手方の事前の書面による承諾なしに目的業務外に使用することはできない。

第5条（委託先への開示）

1 甲又は乙が目的業務の遂行のために必要な業務を他の第三者に委託する場合、右第三者に秘密情報を開示する必要があるときは、相手方の事前の書面による承諾を得て、必要な範囲で秘密情報の開示ができる。

2 甲又は乙は、本条第1項の第三者に対し本契約に基づいて自己が負担するのと同等の義務を負わせるものとし、右第三者が本契約に違反した場合は、当該第三者と連帯してその責めを負う。

第6条（損害賠償）

　甲又は乙が本契約に違反した場合、違反者は相手方の被った損害につき賠償する責めを負う。

第7条（有効期間）

1 本契約の有効期間は令和○○年○○月○○日から令和△△年△△月△△日までとする。ただし、甲又は乙が書面による解約の申し出をしない場合は、同一の条件で1年間更新されるものとし、以後同様とする。

2 本条第1項にかかわらず、本契約期間中に甲乙協議の上別途秘密情報について保持義務を負う契約を締結した場合、本契約は終了するものとする。

第8条（契約終了後の措置）

1 本契約終了（解除の場合を含む）後においても、第3条乃至第6条の規定は、なお○○年間効力を有する。

2 甲及び乙は、目的業務の終了又は相手方から要求があったときには、本契約に基づいて相手方から開示・提供された資料・情報その他複製品等を相手方の指示に従い、速やかに相手方に返還若しくは消去しなければならない。

第9条（協議事項）

　本契約に定めのない事項及び本契約各条項の解釈について疑義が生じた事項については、甲乙誠意をもって協議し、処理することとする。

第10条（準拠法及び管轄裁判所）

　本契約に関し紛争が生じた場合は日本法を準拠法とし、かかる紛争については、東京地方裁判所を第一審の専属的合意管轄裁判所とする。

　本契約の証として、本書2通を作成し、甲乙記名捺印の上、各自1通を保有することする。

データ提供型契約書

第6章第2項のポイントを踏まえた雛型例を紹介します。参考にしてみてください。

データ提供契約

第1条（定義）

　本契約において、次に掲げる語は次の定義による。
①「提供データ」とは、本契約に基づき、甲が乙に対し提供する、甲が利用権限を有するデータであって、別紙に詳細を定めるものをいう。ただし、提供データには、個人情報の保護に関する法律に定める個人情報は含まない。
②「本目的」とは、乙が、……することをいう。
③「派生データ」とは、乙が、提供データを加工、分析、編集、統合等することによって新たに生じたデータをいう。

第2条（提供データの提供方法）

1　甲は、本契約の期間中、乙に対して、提供データを電子ファイル（ファイル形式は○○）で電子メールにて送付する方法により提供する。

2　提供データの提供頻度は○か月に○回とする。

第3条（提供データの利用許諾）

1　甲は、乙に対して、提供データを本契約の有効期間中、本目的の範囲内でのみ利用することを許諾する。

2 　乙は、本契約で明示的に規定されるものを除き、提供データについて開示、内容の訂正、追加又は削除、利用の停止、消去及び提供の停止を行うことのできる権限を有しない。

3 　乙は、甲の書面による事前の承諾のない限り、本目的以外の目的で提供データを加工、分析、編集、統合その他の利用をしてはならず、提供データを第三者（乙が法人である場合、その子会社、関連会社も第三者に含まれる）に開示、提供、漏洩してはならない。

4 　提供データに関する知的財産権（データベースの著作物に関する権利を含むが、これに限らない）は、甲に帰属する。ただし、提供データのうち、第三者に知的財産権が帰属するものはこの限りではない。

第4条（対価・支払い条件）

1 　乙は、提供データの利用許諾に対する対価として、甲に対し、月額○円を支払うものとする。

2 　乙は、本契約期間中、前項に定める金額に消費税額を加算した金額を、翌月の末日までに甲が指定する銀行口座に振込送金の方法によって支払うものとする。なお、振込手数料は乙の負担とする。

第5条（提供データの非保証）

1 　甲は、提供データが、適法かつ適切な方法によって取得されたものであることを表明し、保証する。

2 　甲は、提供データの正確性、完全性、安全性、有効性（本目的への適合性）、提供データが第三者の知的財産権その他の権利を侵害しないことを保証しない。

第6条（責任の制限等）

1 甲は、乙による提供データの利用に関連する、又は提供データの乙の利用に基づき生じた発明、考案、創作及び営業秘密等に関する知的財産権の乙による利用に関連する一切の請求、損失、損害又は費用（合理的な弁護士費用を含み、特許権侵害、意匠権侵害、その他これらに類する侵害を含むがこれに限らない）に関し責任を負わない。

2 乙は、提供データの利用に起因又は関連して第三者との間で紛争、クレーム又は請求（以下「紛争等」という）が生じた場合には、直ちに甲に対して書面により通知するものとし、かつ、自己の責任及び費用負担において、当該紛争等を解決する。甲は、当該紛争等に合理的な範囲で協力するものとする。

3 乙は、前項に定める紛争等に起因又は関連して甲が損害、損失又は費用（合理的な弁護士費用を含み、以下「損害等」という）を被った場合（ただし、当該紛争等が甲の帰責事由に基づく場合を除く）、甲に対して、当該損害等を補償する。

第7条（利用状況）

1 甲は、乙に対し、乙による提供データの利用が本契約の条件に適合している否かを検証するために必要な利用状況の報告を求めることができる。

2 甲は、合理的な基準により、前項に基づく報告が提供データの利用状況を検証するのに十分ではないと判断した場合、○営業日前に書面による事前通知をすることを条件に、1年に1回を限度として、乙の営業所において、乙による提供データの利用状況の監査を実施することができるものとする。この場合、甲は、乙の情報セキュリティに関する規程その他の乙が別途定める社内規程を遵守するものとする。

3 前項による監査の結果、乙が本契約に違反して提供データを利用していた
　　ことが発覚した場合、乙は甲に対し監査に要した費用及び提供データの利
　　用に係る追加の対価を支払うものとする。

第8条（提供データの管理）

1 乙は、提供データを他の情報と明確に区別して善良な管理者の注意をもっ
　　て管理・保管しなければならず、適切な管理手段を用いて、自己の営業秘密
　　と同等以上の管理措置を講ずるものとする。

2 甲は、提供データの管理状況について、乙に対していつでも書面による報告
　　を求めることができる。この場合において、提供データの漏洩又は喪失のお
　　それがあると甲が判断した場合、甲は、乙に対して提供データの管理方法・
　　保管方法の是正を求めることができる。

3 前項の報告又は是正の要求がなされた場合、乙は速やかにこれに応じなけ
　　ればならない。

第9条（違約金）

　提供データの漏洩、喪失、第三者提供、目的外利用等本契約に違反する乙の
提供データの利用により、甲に損害が生じた場合、乙は甲に対して違約金とし
て○○円を支払う義務を負う。ただし、甲に生じた損害が上記違約金額を上回
る場合には、甲は実際に生じた損害額を立証することで乙に対し当該損害額の
賠償を請求することができる。

第10条（損害軽減義務）

1 乙は、提供データの漏洩、喪失、第三者提供、目的外利用等本契約に違反す
　　る提供データの利用（以下、「提供データの漏洩等」という）を発見した場
　　合、直ちに甲にその旨を通知しなければならない。

2 乙の故意又は過失により、提供データの漏洩等が生じた場合、乙は、自己の費用と責任において、提供データの漏洩等の事実の有無を確認し、提供データの漏洩等の事実が確認できた場合は、その原因を調査し、再発防止策について検討しその内容を甲に報告しなければならない。

第11条（秘密保持義務）

1 甲及び乙は、本件業務のため相手方より提供を受けた技術上又は営業上その他業務上の情報のうち、相手方が書面により秘密である旨指定して開示した情報、又は口頭により秘密である旨を示して開示した情報で開示後5日以内に書面により内容を特定した情報（以下併せて「秘密情報」という）を相手方の事前の書面による承諾を得ないで第三者に開示又は漏洩してはならず、本契約の遂行のためにのみ使用するものとし、他の目的に使用してはならないものとする。ただし、次の各号のいずれか一つに該当する情報についてはこの限りでない。また、甲及び乙は秘密情報のうち法令の定めに基づき開示すべき情報を、当該法令の定めに基づく開示先に対し、開示することができる。
(1) 秘密情報義務を負うことなく既に保有している情報。
(2) 秘密情報義務を負うことなく第三者から正当に入手した情報。
(3) 相手方から提供を受けた情報によらず、独自に開発した情報。
(4) 本契約及び覚書に違反することなく、かつ、受領の前後を問わず公知となった情報。

2 前項の定めにかかわらず、甲及び乙は、裁判所、捜査機関その他の第三者に対する秘密情報の開示を法令により義務付けられた場合には、相手方に対してその旨を事前に通知した上で、当該義務の範囲において秘密情報を開示することができるものとする。なお、事前の通知が困難な場合は事後に遅滞なく通知するものとする。

3 甲及び乙は、相手方の書面による事前の承諾を得て第三者に対して秘密情報を開示する場合、当該第三者に対して本条と同等の義務を課すものとし、かつ、当該第三者による当該義務への違反について相手方に対してすべての責任を負うものとする。

4 甲及び乙は、本契約の契約期間が終了した場合、相手方から受領した秘密情報が不要となった場合、又は相手方から要求があった場合には、相手方の秘密情報及びその複製物を、相手方の指示に従い遅滞なく相手方に返却し又は廃棄若しくは消去するものとする。

5 本条に基づく義務は、本契約が終了した後も○年間存続する。

第12条（派生データ等の取り扱い）

1 派生データに関して、乙がその利用権限を有し、乙は、甲に対して、○○の範囲において派生データを無償で利用することを許諾する。

2 提供データの乙の利用に基づき生じた発明、考案、創作及び営業秘密等に関する知的財産権は、乙に帰属する。ただし、乙は、甲に対し、当該知的財産権について無償の実施許諾をする。

3 派生データ、及び前項の提供データの乙の利用に基づき生じた発明等に関する知的財産権の、乙から甲に対する利用許諾の条件の詳細については、甲及び乙の間において別途協議の上決定する。

4 乙が、派生データを利用して行った事業又はサービスによって売上を得たときには、乙が得た売上金額の○％を甲に対して支払う。その支払い条件については甲及び乙の間において別途協議の上決定する。

第13条（有効期間）

1 本契約の有効期間は、本契約締結の日から3年間とする。

2 前項の規定にかかわらず、期間満了日の1ヶ月前までにいずれの当事者からも何らの意思表示ない場合、同じ条件でさらに1年間更新されるものとし、その後も同様とする。

第14条（不可抗力）

1 地震、台風、津波その他の天変地異、戦争、暴動、内乱、自然災害、停電、通信設備の事故、クラウドサービス等の外部サービスの提供の停止等その他の不可抗力により甲及び乙が本契約若しくは個別契約の全部又は一部を履行できない場合であっても甲及び乙はその責任を負わない。

2 前項に定める事由が生じた場合には、甲及び乙は相手方に対しその旨の通知をする。この通知発送後〇ヶ月を経過しても前項の不可抗力事由が解消されず、本契約の目的を達成することができない場合には、甲及び乙は催告なくして本契約若しくは個別契約の全部又は一部を解除することができる。

第15条（解除）

1 甲は、乙が次の各号のいずれか一つに該当したときは、契約の目的を達成することができない状態にあるか否かを問わず、何らの通知、催告を要せず、直ちに本契約の全部又は一を解除することができる。
(1) 本契約に定める条項の内容に違反し、甲が乙に対し催告したにもかかわらず、7日以内に当該違反が是正されないとき
(2) 不正の行為をなし、甲の通常の営業を妨げたとき
(3) 第三者より差押、仮差押、仮処分、競売等の申し立てを受けたとき
(4) 債務超過に陥り、又は私的整理、破産手続開始、更生手続、民事再生手続、特定調停若しくは特別清算開始の申し立てがあったとき
(5) 公租公課を滞納し、催告又は保全差押を受けたとき
(6) 合併によらない解散、事業の全部又は重要な一部の譲渡を行おうとしたとき
(7) 監督官庁より営業の取消又は停止等の処分を受けたとき
(8) 刑事訴追を受ける等著しく社会的信用を失墜したとき
(9) 財産状態が著しく悪化し、又はそのおそれがあると認められる事由があるとき

2 前項の場合、乙は解除によって甲が被った損害の一切を賠償する。

第16条（契約終了後の措置）

1 乙は、本契約の終了後、理由の如何を問わず、提供データを利用してはならず、甲が別途指示する方法で、速やかに受領済みの提供データ（複製物を含む）をすべて廃棄又は消去しなければならない。

2 甲は、乙に対し、データがすべて廃棄又は消去されたことを証する書面の提出を求めることができる。

第17条（反社会的勢力の排除）

1 甲及び乙は、自己が以下の各号の一に該当しないことを確認し、将来にわたって該当しないことを表明し保証する。なお、相手方が本条に違反していると疑義を生じた場合には、相手方に対して調査及び報告を求めることができるものとする。
(1) 反社会的勢力（自らが、暴力団、暴力団関係企業、総会屋若しくはこれらに準ずる者又はその構成員）であること。
(2) 反社会的勢力に協力又は関与していること。
(3) 役員（取締役、執行役、監査役その他名称の如何を問わず、実質的に経営に関与している者をいう）、親会社・子会社が上記各号にあたること。
(4) 反社会的勢力に自己の名義を利用させ、この契約を締結すること。

2 甲及び乙は、自己又は第三者を利用して以下の各号のいずれか一にでも該当する行為をしてはならないものとする。
(1) 暴力的な要求行為
(2) 法的な責任を超えた不当な要求行為
(3) 取引に関して、脅迫的な言動をし、又は暴力を用いる行為
(4) 風説を流布し、偽計を用い又は威力を用いて相手方の信用を毀損し、又は相手方の業務を妨害する行為
(5) その他前各号に準ずる行為

3 甲及び乙は、自己が本条に違反していると判明した場合は直ちに相手方に通知し、是正措置を講ずる義務を負うものとする。

4 甲及び乙は、自己が本条に違反していると判明した場合、違反者は本契約の期限の利益を喪失し、本契約上の債務を直ちに相手方に対して一括弁済する義務を負うものとする。

5 甲及び乙は、相手方が本条に違反したときは、何らの催告を要せずして、本契約を解除することができるものとし、解除により相手方に発生した損害を賠償する責任を一切負わず、自己に発生した損害の賠償を相手方に請求できるものとする。

第18条（存続条項）

本契約終了後も第○条、第○条……は有効に存続する。

第19条（権利義務の譲渡禁止）

甲及び乙は、相手方の書面による事前の承諾なしに、本契約及び覚書上の地位を第三者に譲渡し、若しくは継承し、又は本契約及び覚書に基づく権利義務を第三者に譲渡し、継承し、若しくは担保に供してはならない。

第20条（準拠法）

本契約に基づく権利義務及びその解釈は、日本法に準拠する。

第21条（紛争解決）

本契約に関する一切の紛争については、東京地方裁判所を第一審の専属的合意管轄裁判所とする。

データ創出型契約書

第6章第3項のポイントを踏まえた雛型例を紹介します。参考にしてみてください。

データ創出型契約

第1条（定義）

　本契約において、次に掲げる用語は次の定義による。
①「本件事業」とは、甲及び乙の間で行われる……をいう。
②「対象データ」とは、本件事業に基づいて、創出、取得又は収集されたデータをいい、そのサンプルは別紙の通りとする。
③「加工等」とは、対象データを、加工、分析、編集、統合等することをいい、「派生データ」とは、そのような「加工等」がなされたデータをいう。

第2条（データの利用権限）

1　対象データに対する利用権限の内容は、別紙一覧表において対象データの種類ごとにそれぞれ定める。

2　対象データのうち、別紙一覧表に定めがないものについては、当該対象データの利用、開示、譲渡（利用許諾を含む）及び処分を含む当該対象データに係る一切の利用権限は、甲が有する。

3　甲及び乙は、前項及び別紙一覧表により、各当事者に認められた利用権限の範囲を超えて、対象データを利用、開示、譲渡（利用許諾を含む）及び処分をすることはできない。

第3条（派生データの取り扱い）

1 前条に定める対象データの利用権限に基づき行われた加工等により得られた派生データに対する利用権限は、別紙一覧表（2）において対象データの種類ごとにそれぞれ定める。ただし、派生データのうち、別紙一覧表（2）に特段の定めがないものについては、両当事者間で別途合意をした上で、当該派生データの利用権限を定めるものとする。

2 甲及び乙は、前項及び別紙一覧表（2）により、各当事者に認められた利用権限の範囲を超えて、派生データを利用、開示、譲渡（利用許諾を含む）及び処分をすることはできない。

第4条（対象データ及び派生データの非保証）

1 甲及び乙は、それぞれ相手方に対し、本契約に基づき相手方が利用権限を有するデータ（以下「相手方データ」という）の正確性、完全性、安全性、有効性（各利用目的への適合性）及び第三者の知的財産権その他の権利を侵害しないことを保証しない。

2 甲及び乙は、それぞれ相手方に対し、相手方データが必ず創出されることを保証するものではない。

第5条（個人情報の取り扱い）

1 甲及び乙は、対象データに、個人情報の保護に関する法律（以下「個人情報保護法」という）に定める個人情報又は匿名加工情報（以下「個人情報等」という）が含まれる場合には、別紙1に定める区分に従い、相手方に対して、事前にその旨を明示する。

2 甲及び乙は、別紙1に定める区分に従い、対象データの生成、取得、及び提供等について、個人情報保護法に定められている手続を履践していることを保証するものとする。

3 甲及び乙は、第1項に従って対象データが提供される場合には、個人情報保護法を遵守し、個人情報等の管理に必要な措置を講ずるものとする。

第6条（利用権限の配分に対する対価）

　　甲及び乙は、第2条及び第3条により、相手方に対象データ及び派生データの利用権限を配分することにつき、相手方に対して、譲渡費用、利用許諾に対する対価その他の対価を請求する権利を有しない。

第7条（第三者の権利による利用制限）

　　甲及び乙は、相手方データに、第三者の知的財産権の対象となるデータが含まれる等、相手方の利用につき制限があり得ることが判明した場合には、速やかに相手方と協議の上、協力して当該第三者の許諾を得ること又は当該データを除去する措置を講じること等により一方当事者が利用権限を行使できるよう努める。

第8条（データ管理）

1 甲及び乙は、相手方データを他の情報と明確に区別して善良な管理者の注意をもって管理・保管しなければならず、適切な管理手段を用いて、自己の営業秘密と同等以上の管理措置を講ずるものとする。

2 甲及び乙は、相手方データの管理状況について、相手方当事者に対していつでも書面（電磁的方法を含む。以下同じ）による報告を求めることができる。この場合において、相手方データの漏洩又は喪失のおそれがあると判断した場合、甲及び乙は、相手方当事者に対して相手方データの管理方法・保管方法の是正を求めることができる。

3 前項の報告又は是正の要求がなされた場合、要求を受けた相手方当事者は速やかにこれに応じなければならない。

4 甲及び乙は、第2条又は第3条に基づき、相手方データを第三者に提供する場合には、当該第三者と秘密保持契約を締結する等して、当該第三者に対して、本条により自己が負うのと同様の義務を負わせなければならない。

第9条（秘密保持義務）

1 甲及び乙は、本件業務のため相手方より提供を受けた技術上又は営業上その他業務上の情報のうち、相手方が書面により秘密である旨指定して開示した情報、又は口頭により秘密である旨を示して開示した情報で開示後5日以内に書面により内容を特定した情報（以下併せて「秘密情報」という）を相手方の事前の書面による承諾を得ないで第三者に開示又は漏洩してはならず、本契約の遂行のためにのみ使用するものとし、他の目的に使用してはならないものとする。ただし、次の各号のいずれか一つに該当する情報についてはこの限りでない。また、甲及び乙は秘密情報のうち法令の定めに基づき開示すべき情報を、当該法令の定めに基づく開示先に対し、開示することができる。
(1) 秘密情報義務を負うことなく既に保有している情報。
(2) 秘密情報義務を負うことなく第三者から正当に入手した情報。
(3) 相手方から提供を受けた情報によらず、独自に開発した情報。
(4) 本契約及び覚書に違反することなく、かつ、受領の前後を問わず公知となった情報。

2 前項の定めにかかわらず、甲及び乙は、裁判所、捜査機関その他の第三者に対する秘密情報の開示を法令により義務付けられた場合には、相手方に対してその旨を事前に通知した上で、当該義務の範囲において秘密情報を開示することができるものとする。なお、事前の通知が困難な場合は事後に遅滞なく通知するものとする。

3 甲及び乙は、相手方の書面による事前の承諾を得て第三者に対して秘密情報を開示する場合、当該第三者に対して本条と同等の義務を課すものとし、かつ、当該第三者による当該義務への違反について相手方に対してすべての責任を負うものとする。

4 甲及び乙は、本契約の契約期間が終了した場合、相手方から受領した秘密情報が不要となった場合、又は相手方から要求があった場合には、相手方の秘密情報及びその複製物を、相手方の指示に従い遅滞なく相手方に返却し又は廃棄若しくは消去するものとする。

5 本条に基づく義務は、本契約が終了した後も○年間存続する。

第10条（対象データの範囲変更）

1 甲及び乙は、本契約締結時にはその創出、取得又は収集を想定し得なかった新たなデータを創出、取得又は収集することができることを知り、そのデータの利活用を求めるときは、相手方に対してその旨通知し、対象データの範囲を変更することを求めることができる。

2 甲及び乙は、前項により通知を受けたときは、甲及び乙の間で対象データの範囲の変更が必要であるか否かを別途協議の上、必要があると決定したときは甲及び乙が合意した手続に従って、対象データの範囲の変更及び当該対象データに対する利用権限の配分を決定する。

第11条（有効期間）

1 本契約の有効期間は、本契約締結の日から1年間とする。

2 前項の規定にかかわらず、期間満了日の1ヶ月前までにいずれの当事者からも何らの意思表示ない場合、同じ条件でさらに1年間更新されるものとし、その後も同様とする。

第12条（不可抗力）

1 地震、台風、津波その他の天変地異、戦争、暴動、内乱、自然災害、停電、通信設備の事故、クラウドサービス等の外部サービスの提供の停止等その他の不可抗力により甲及び乙が本契約若しくは個別契約の全部又は一部を履行できない場合であっても甲及び乙はその責任を負わない。

2　前項に定める事由が生じた場合には、甲及び乙は相手方に対しその旨の通知をする。この通知発送後○ヶ月を経過しても前項の不可抗力事由が解消されず、本契約の目的を達成することができない場合には、甲及び乙は催告なくして本契約若しくは個別契約の全部又は一部を解除することができる。

第13条（解除）

1　甲は、乙が次の各号のいずれか一つに該当したときは、契約の目的を達成することができない状態にあるか否かを問わず、何らの通知、催告を要せず、直ちに本契約の全部又は一を解除することができる。

(1)　本契約に定める条項の内容に違反し、甲が乙に対し催告したにもかかわらず、7日以内に当該違反が是正されないとき

(2)　不正の行為をなし、甲の通常の営業を妨げたとき

(3)　第三者より差押、仮差押、仮処分、競売等の申し立てを受けたとき

(4)　債務超過に陥り、又は私的整理、破産手続開始、更生手続、民事再生手続、特定調停若しくは特別清算開始の申し立てがあったとき

(5)　公租公課を滞納し、催告又は保全差押を受けたとき

(6)　合併によらない解散、事業の全部又は重要な一部の譲渡を行おうとしたとき

(7)　監督官庁より営業の取消又は停止等の処分を受けたとき

(8)　刑事訴追を受ける等著しく社会的信用を失墜したとき

(9)　財産状態が著しく悪化し、又はそのおそれがあると認められる事由があるとき

2　前項の場合、乙は解除によって甲が被った損害の一切を賠償する。

第14条（契約終了後の措置）

1　甲及び乙は、本契約が終了したときは、契約終了時におけるデータの廃棄又は消去が明記されたものについて、別途甲及び乙で定める手続に従い、速やかに廃棄又は消去する。

2 甲及び乙は、前項により廃棄又は消去をする義務を負うデータ以外の対象データ及び派生データについては継続して利用権限を有する。

第15条（反社会的勢力の排除）

1 甲及び乙は、自己が以下の各号の一に該当しないことを確認し、将来にわたって該当しないことを表明し保証する。なお、相手方が本条に違反していると疑義を生じた場合には、相手方に対して調査及び報告を求めることができるものとする。
(1) 反社会的勢力（自らが、暴力団、暴力団関係企業、総会屋若しくはこれらに準ずる者又はその構成員）であること。
(2) 反社会的勢力に協力又は関与していること。
(3) 役員（取締役、執行役、監査役その他名称の如何を問わず、実質的に経営に関与している者をいう）、親会社・子会社が上記各号にあたること。
(4) 反社会的勢力に自己の名義を利用させ、この契約を締結すること。

2 甲及び乙は、自己又は第三者を利用して以下の各号のいずれか一にでも該当する行為をしてはならないものとする。
(1) 暴力的な要求行為
(2) 法的な責任を超えた不当な要求行為
(3) 取引に関して、脅迫的な言動をし、又は暴力を用いる行為
(4) 風説を流布し、偽計を用い又は威力を用いて相手方の信用を毀損し、又は相手方の業務を妨害する行為
(5) その他前各号に準ずる行為

3 甲及び乙は、自己が本条に違反していると判明した場合は直ちに相手方に通知し、是正措置を講ずる義務を負うものとする。

4 甲及び乙は、自己が本条に違反していると判明した場合、違反者は本契約の期限の利益を喪失し、本契約上の債務を直ちに相手方に対して一括弁済する義務を負うものとする。

5 　甲及び乙は、相手方が本条に違反したときは、何らの催告を要せずして、本契約を解除することができるものとし、解除により相手方に発生した損害を賠償する責任を一切負わず、自己に発生した損害の賠償を相手方に請求できるものとする。

第16条（存続条項）

本契約終了後も第○条、第○条……は有効に存続する。

第17条（権利義務の譲渡禁止）

甲及び乙は、相手方の書面による事前の承諾なしに、本契約及び覚書上の地位を第三者に譲渡し、若しくは継承し、又は本契約及び覚書に基づく権利義務を第三者に譲渡し、継承し、若しくは担保に供してはならない。

第18条（準拠法）

本契約に基づく権利義務及びその解釈は、日本法に準拠する。

第19条（紛争解決）

本契約に関する一切の紛争については、東京地方裁判所を第一審の専属的合意管轄裁判所とする。

あとがき

　本書の執筆に際しては「まえがき」にも書いたように、あくまで法律知識のまったくない方々に向けて、法律知識を知らなくてもできる、超基本的な契約書チェックの方法をお伝えすることに注力しました。

　そのため、なるべく法律的な論点や法的な考察は割愛し、最低限の知識の習得と読みやすさを重視しています。既にある程度法律のことを勉強されている方にとっては、読み応えがなかったかもしれませんが、その点に関しましてはご了承いただければ幸いです。

　また、本書にあるチェックポイントを押さえれば、どんな契約書であっても完璧にチェックできるかといえば、残念ながらそうではありません。契約書は当事者間の個性やビジネスによって千差万別なものですから、個々の契約書について重要な確認事項は異なりますし、契約内容に正解があるわけでもありません。

　そのため、今後皆様が大きな案件や重要な案件を動かす際に関係してくる契約書については、自らのチェックにとどまらず、是非とも弁護士をはじめとする専門家に確認してもらうことをお勧めします。

　とはいえ、もちろん、そうした専門家に相談する際にも、本書でお伝えした知識を知っているかどうかで、話しやすさが変わってくるはずです。

＊　　　　　　　＊　　　　　　　＊

　特に、これからの時代は、物凄いスピード感で新しいビジネスやサービスが生まれるでしょう。そして、法律はそのスピード感についていけず、結果的に法律の整備は遅れてしまうはずです。

　そうしたとき、自分の新しいビジネスやサービスの矛となり盾となってくれるのは契約書だけです。つまり今後はますます契約の意義が大きくなっていくと考えます。

　このような時代において、本書を通して、いち早く法務への関心を寄せ、知識を身に付けた皆様は、きっと今後のビジネスを有利に、そして積極的に進めることができるでしょうし、私としてもそう願っております。

＊　　　　　　　＊　　　　　　　＊

最後になりましたが、本書の企画に際し多大なサポートをしていただいたネクストサービス株式会社の松尾昭仁様、そして本書の刊行に際し多大なサポートをいただいた株式会社秀和システム様に心よりお礼申し上げます。

2020年6月

藪田崇之

【著者プロフィール】

藪田崇之（やぶた たかゆき）

◎弁護士。

◎静岡県浜松市出身。一浪を経て中央大学法学部、慶應義塾大学法科大学院を卒業後、司法試験に一発合格。

◎主にベンチャー企業の創業支援業務に携わり、その専門性の高さ・スピード感のある対応が強みとなり、始業わずか1年でベンチャー企業5社との顧問契約を締結するなど、紹介の絶えない弁護士として定評がある。「誰にでも分かりやすい説明」を強みに、全国から寄せられる年間350件を超える電話法律相談にも対応しアドバイスを行う。最新の時事問題にも注力し、メディア出演多数。AIを取り入れた最新ビジネスモデルや、未来の医療機器開発事業等、常に新しい領域にチャレンジすることをモットーにし、その領域の法分野における第一人者になるべく日々挑戦を続けている。

◎趣味は競馬とゴルフ。将来は馬主となり、愛馬をレースで走らせるのが夢。

企画協力：ネクストサービス株式会社　松尾昭仁
カバーデザイン：大場君人

起業家が知らないとヤバい
契約書の読み方

発行日	2020年 7月10日	第1版第1刷

著 者　藪田　崇之

発行者　斉藤　和邦

発行所　株式会社　秀和システム
　　　　〒135-0016
　　　　東京都江東区東陽2-4-2　新宮ビル2F
　　　　Tel 03-6264-3105（販売）Fax 03-6264-3094

印刷所　三松堂印刷株式会社　　　　Printed in Japan

ISBN978-4-7980-5947-1 C0032